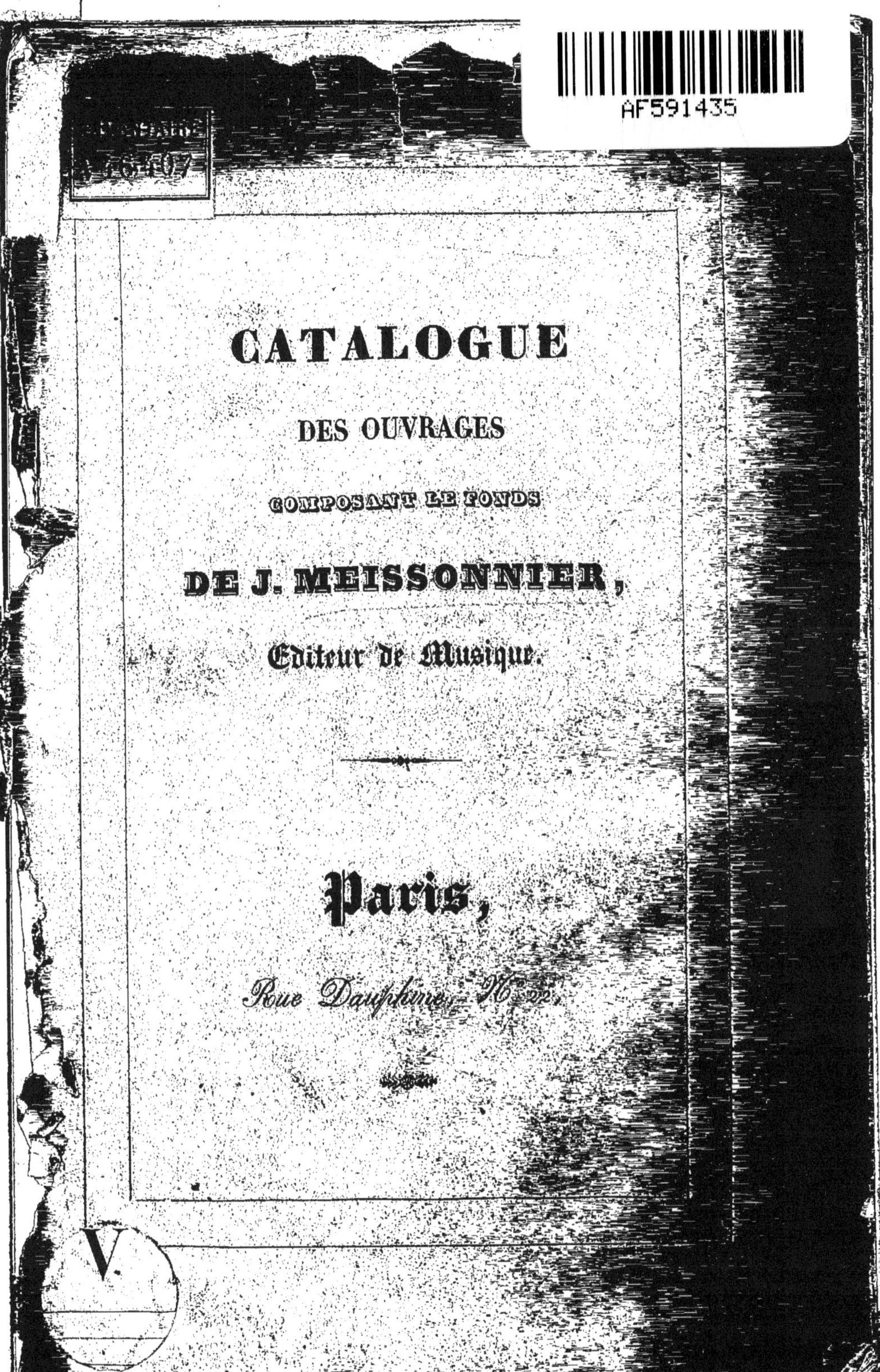

CATALOGUE

DES OUVRAGES

COMPOSANT LE FONDS

DE J. MEISSONNIER,

Editeur de Musique.

Paris,

Rue Dauphine, N.° 22.

CATALOGUE

DES

Ouvrages composant le Fonds de Musique

DE

J. MEISSONNIER,

ÉDITEUR ET MARCHAND DE MUSIQUE,

RUE DAUPHINE, N° 22.

OUVRAGES ÉLÉMENTAIRES.

—

SOLFÈGE.

RODOLPHE. Nouvelle édition soigneusement corrigée, ornée d'une vignette. 15

*** Principes de la musique. 2 50

PIANO.

AD. LE CARPENTIER. Méthode à l'usage des enfants; contenant les premiers principes de la musique, des exercices doigtés pour les petites mains, 24 mélodies d'une difficulté progressive et les gammes majeures et mineures. 9

MÉTHODES.

		fr. c.
VIGUERIE.	L'art de toucher le piano, méthode facile, suivie de trente airs nouveaux classés progressivement, et soigneusement doigtés par Adam. *Nouvelle édition.*	
	Première suite.	9 »
—	Deuxième suite, contenant des exercices, des préludes et des sonates.	9
	Les deux parties réunies.	15

VIOLON.

GASSE.	Méthode pour servir d'introduction à celle du conservatoire, contenant les principes de la musique, la théorie de l'instrument, les gammes, des airs faciles, des exercices et des duos. . . . . . Brochée.	25
—	Méthode extraite de celle ci-dessus.	9 »
ROY.	Petite méthode contenant les principes de la musique, la tablature du violon, les gammes, des exercices, des leçons et des airs classés progressivement. Petit format avec vignette.	4 50

VIOLONCELLE.

CHEVILLARD.	*Méthode complète* contenant la théorie de l'instrument, des gammes, des leçons progressives, des études, des airs variés et des leçons pour chacune des positions. . . . . Brochée.	18 »

CONTRE-BASSE.

DURIER.	Méthode complète contenant la théorie de l'instrument, les gammes majeures et mineures, des exercices pour les intervalles, 12 exercices sur les gammes, des thèmes variés et des passages tirés des symphonies de Beethowen.	12 »

FLUTE.

DEVIENNE.	Méthode, *Nouvelle édition,* augmentée de douze études d'airs nouveaux et d'une tablature pour la flûte à patte d'*ut;* par Camus. . . . . Brochée.	18 »

MÉTHODES.

		fr. c.
DEVIENNE.	Méthode extraite de celle ci-dessus.	9 »
—	Petite méthode contenant les principes de cet instrument, des gammes, des leçons et des airs nouveaux classés progressivement.	4 50
ROY.	Petite méthode contenant un abrégé des principes de la musique, des gammes pour la flûte à une et à plusieurs clés, des leçons et des airs classés progressivement. . . . . Petit format avec vignette.	4 50

CLARINETTE.

FRÉDÉRIC BERR.	Méthode complète contenant : précis sur la clarinette, premiers sons à étudier, connaissance des clés, 30 leçons progressives, 24 petites études, 12 morceaux, 12 études, 15 grands morceaux caractéristiques servant à étudier le style moderne, 30 études et préludes. . . . . Brochée.	36 »
	Adoptée dans l'enseignement du Conservatoire et du Gymnase musical militaire.	
—	Gammes et études dans les tons majeurs et mineurs, complément de la méthode.	12 »
ROY.	Petite méthode contenant un abrégé des principes de la musique, des gammes, des leçons, des airs classés progressivement. . . Petit format avec vignette.	4 50

BASSON.

FRÉDÉRIC BERR.	Méthode complète contenant la théorie de l'instrument, un tableau général des gammes majeures et mineures, des exercices sur les intervalles, des gammes variées pour l'étude des articulations, un tableau des trilles, des leçons progressives avec accompagnement d'un deuxième basson, des études progressives. 18 duos et 24 préludes. . Brochée.	18 »
	Adoptée dans l'enseignement du Gymnase musical militaire.	

MÉTHODES.

CORNET A PISTON.

fr. c.

F. GATTERMANN. Méthode complète pour cornet à 2 pistons ; contenant la théorie de l'instrument, des leçons pour l'articulation, un tableau pour la transposition, des exercices progressifs, un choix de 30 morceaux favoris pour *cornet seul*, 12 duos faciles et 20 exercices pour le son, le doigté, la respiration, l'articulation et les divers coups de langue. . . . . 12 »

— Petite méthode extraite de celle ci-dessus. Petit format avec vignette. 4 50

— Méthode complète de cornet à 3 pistons, contenant la théorie de l'instrument, un tableau des toniques, la position du cornet à 3 pistons, le doigté, la respiration, l'articulation, les divers coups de langue, des leçons progressives, des gammes, des exercices dans tous les tons, 18 exercices pour le son, 25 petits morceaux pour cornet seul, et 8 petits duos nocturnes. . . . . 12 »

— Petite méthode extraite de celle ci-dessus. Petit format avec vignette. 4 50

COR.

MENGAL. Méthode complète contenant la théorie de l'instrument, des leçons progressives, des exercices sur les articulations, 18 morceaux favoris pour cor seul, et 15 petits duos. 9 »

ÇORRET. Petite méthode contenant un abrégé des principes de la musique, l'étendue du premier et du deuxième cor, des gammes, des exercices et des airs faciles. Petit format avec vignette. 4 50

OPHICLÉIDE.

F. BERR ET CAUSSINUS. Méthode complète contenant la théorie de l'instrument, les règles générales du doigté, des gammes dans tous les tons, des études pour les intervalles et pour les clés, des exercices progressifs,

fr. c.

des exercices sur les accords, 12 études, un tableau de trilles, un choix de mélodies. . . . . 15 »

Adoptée dans l'enseignement du Gymnase musical militaire.

TROMBONNE.

F. BERR ET DIEPPO. Méthode complète contenant la théorie de l'instrument, un tableau des positions, des leçons et des exercices pour chaque position, des études de l'accord parfait à chaque position, de petites études pour parcourir les positions, des gammes diatoniques et chromatiques, des gammes majeures et mineures, des études pour lire à la clef d'*ut*, quatrième ligne et un choix de mélodies. . . . . . . 12 »

FLAGEOLET.

ROY. Méthode complète pour le flageolet à clés et sans clés, contenant un abrégé des principes de la musique, des gammes, des leçons et des airs classés progressivement. . . . . Petit format avec vignette. 4 50

GUITARE.

J. MEISSONNIER. Méthode divisée en deux parties. La première contient les principes de la musique, la théorie de l'instrument et des exemples pour en faciliter l'application; la deuxième renferme 100 morceaux de divers auteurs, classés progressivement. Deuxième édition. . . . . Brochée. 18 »

— Petite méthode contenant un abrégé des principes de la musique et des leçons classées progressivement. 7 50

— Petite méthode contenant les principes de la musique, la tenue de la guitare, la position des mains, la manière de l'accorder, l'étendue de l'instrument à la première position, la manière de pincer les accords, le barré, les batteries, le coulé, les petites notes des gammes et des préludes dans les tons les plus usités, et 25 petits morceaux. 4 50

MÉTHODES.

GAMMES ET TABLATURES.

		fr.	c.
1.	Violon	2	»
2.	Violoncelle	2	»
3.	Contre-basse	2	»
4.	Flûte	2	»
5.	Clarinette	2	»
6.	Cor	2	»
7.	Basson	2	»
8.	Cornet à 2 pistons	2	»
9.	Cornet à 3 pistons	2	»
10.	Flageolet	2	»
11.	Hautbois	2	»
12.	Ophicléïde basse (Halary)	2	»
13.	Ophicléide Sautermeister	2	»
14.	Serpent basson ou ophibariton	2	»
15.	Trompette à clefs	2	»
16.	Trombonne	2	»
17.	Guitare	2	»

PARTITIONS.

		fr.	c.
HÉROLD.	MARIE, opéra comique en 3 actes	100	»
	Parties d'orchestre	100	»
—	LE MULETIER, opéra comique en 1 acte	60	»
	Parties d'orchestre	50	»
—	ZAMPA, opéra comique en 3 actes	125	»
	Parties d'orchestre	125	»
ALP. DE FELTRE.	LE FILS DU PRINCE, op. com. en 2 actes	125	»
	Parties d'orchestre	125	»
MEYERBEER.	MARGUERITE D'ANJOU, opéra en 3 actes. Prix net sans remise	80	»
HIPP. MONPOU.	LE LUTHIER DE VIENNE, op. com. en 1 acte	100	»
	Parties d'orchestre	100	»
L. PUGET (Mlle)	LE MAUVAIS OEIL, op. com. en 1 acte	100	»
	Parties d'orchestre	100	»

PARTITIONS PIANO.

		fr.	c.
MEYERBEER.	MARGUERITE D'ANJOU, opéra en trois actes	42	»
HÉROLD.	ZAMPA, op. com. en trois actes. Prix net.	20	»

MUSIQUE INSTRUMENTALE.

OUVERTURES A GRAND ORCHESTRE.

	fr.	c.
Le fils du prince	10	»
Le luthier de Vienne	10	»
Le mauvais œil	10	»
Marie	9	»
Marguerite d'Anjou	10	»
Missolonghi	9	»
Le muletier	10	»
Zampa	10	»

MUSIQUE MILITAIRE ET HARMONIE.

Ouvertures.

Marie	arrangée par Berr.	9 »
Marguerite d'Anjou	*Id.*	10 »
Missolonghi	*Id.*	10 »
Zampa	*Id.*	10 »

AIRS D'OPÉRAS

EN HARMONIE.

Marie	arrangés par Berr.	15 »
Zampa	*Id.*	18 »

HARMONIE MILITAIRE.

BENDER.	Clic-clac, rondeau favori	7 50
BERR.	Pas redoublé sur la barcarolle de Marie	4 50
—	Pas redoublé sur un motif de Zampa	3 75
—	La valse du duc de Reichstadt	3 75
BERR.	Collection d'airs nationaux :	
—	N° 1. Marche sur le champ du départ	3 75
—	2. Pas redoublé du 5me régiment de ligne	3 75
—	3. Pas redoublé des enfants de Paris	3 75

MUSIQUE INSTRUMENTALE.

		fr. c.
BERR.	4. Pas redoublé de l'école polytechnique.	3 75
—	5. Hommage aux drapeaux, pas redoublé.	3 75
—	6. La victoire est à nous, pas redoublé.	3 75
—	7. La Marseillaise, marche.	3 75
—	8. Valse favorite de Lafayette.	3 75
—	9. Où peut-on être mieux, marche.	3 75
—	10. Veillons au salut de l'empire, pas redoublé.	3 75
—	11. Le léger bateau, pas redoublé.	3 75
—	12. Chant national polonais.	3 75
—	13. Pas redoublé.	3 75
—	14. Pas redoublé de la cinquième légion.	3 75

VIOLON.

QUINTETTES.

RIES. Op. 167. Grand quintette pour 2 violons, 2 altos et violoncelle. . . . . 15 »

OPÉRAS

ARRANGÉS EN QUATUOR POUR DEUX VIOLONS, ALTO ET BASSE.

Marie, arrangée par Martinn. . . . . 15 »

Zampa, arrangée par Gasse, deux suites. . . . . chaque 12 »

OUVERTURES.

ARRANGÉES EN QUATUOR, POUR DEUX VIOLONS, ALTO ET BASSE.

Marie, arrangée par Martinn. 4 50

Zampa, arrangée par Gasse. . . . . 5 »

TRIOS.

BROD. Op. 24. Fantaisie sur des motifs de Marie, pour violon, flûte et basse. . . . . . avec accompagnement de piano. 6 »

DUOS.

DEUX VIOLONS.

GEBAUER. Op. 10. Douze duos très faciles en deux suites. . . ch. 7 50

MUSIQUE INSTRUMENTALE.

		fr. c.
F. GASSE.	Huit petits duos faciles, extraits de sa méthode, en deux livraisons. . . . . chaque.	4 50
JANSA.	Op. 36. Trois duos concertants et faciles.	7 50
N. LOUIS.	Op. 22. Trois duos concertants et progressifs.	7 50
—	Cent romances pour violon avec accompagnement d'un second violon (*ad libitum*), 4 suites. . chaque.	6 »
ROUSSEAU.	Op. 7. Trois duos concertants.	7 50
VIOTTI.	Six duos concertants. . . . . Premier livre.	9 »
—	Six duos concertants. . . . . Deuxième livre.	7 50
—	Op. 5. Six duos en deux suites. . . . . . . chaque.	7 50
—	Op. 6. Trois duos.	7 50
—	Op. 7. Trois duos.	7 50

OPÉRAS

ARRANGÉS POUR DEUX VIOLONS.

Luthier de Vienne (le), arrangé par Dietsch.	7 50
Marie, arrangé par Martinn.	7 50
Zampa, arrangé par Gasse, en deux suites. . . . . . chaque	7 50

OUVERTURES.

DEUX VIOLONS.

Barbier de Séville (le).	2 25
Blaise et Babet.	2 25
Caravane (la).	2 25
Cenerentola (la).	2 25
Déserteur (le).	2 25
Démophon.	2 25
Gazza ladra (la).	2 25
Inganno felice.	2 25
Iphigénie en Aulide.	2 25
Italienne à Alger (l').	2 25
Jeune Henry (le).	3 »
Luthier de Vienne (le)	3 »
Marie.	2 50
Muletier (le).	3 »
Otello.	2 25
Panurge.	2 25

MUSIQUE INSTRUMENTALE.

Suite des Ouvertures, 2 violons.

	fr. c.
Robin des Bois.	2 25
Sémiramis.	2 25
Tancredi.	2 25
Turc en Italie (le).	2 25
Zampa, ou la Fiancée de marbre, arrangée par Gasse.	3 »

AIRS VARIÉS ET FANTAISIES

POUR LE VIOLON.

J. ARTOT.	Premier air varié, avec accompagnement d'orchestre.	12 »
—	*Le même*. . . . . *id*. . . . de piano.	7 50
—	Deuxième air varié. . . . . *id*. . . d'orchestre.	12 »
—	*Le même*. . . . . *id*. . . . de piano.	7 50
F. GASSE.	Caprice sur un thème de Rossini imité de Paganini, violon seul.	5 »
GHYS.	Op. 27. Huitième air varié, avec acc. de quatuor	9 »
—	*Le même*. . . . . *id*. . . . de piano.	6 »
LAFONT.	Fantaisie composée par Ginestet, arrangée avec accompag. de piano.	7 50
LAGOANÈRE.	Op. 56. Fantaisie sur la barcarolle de Marie, avec acccomp. de piano.	6 »
—	Variations brillantes sur une cavatine du *Crociato*, avec accompagnement de piano.	6 »
—	Bagatelle sur la valse du *duc de Reichstadt*, avec accompagnement de piano.	5 »
N. LOUIS.	Cent romances pour violon seul, 4 suites. . . chaque.	4 50
—	*Les mêmes*, avec accompagnement d'un second violon (*ad libitum*). . . . . chaque.	6 »
J. MASSET.	Op. 11. Air militaire avec accompagnem. d'orchestre.	10 »
—	*Le même*, ... *id*. . . . de piano.	7 50
MAYSEDER.	Op. 40. Variations brillantes, avec acc. de piano. . .	6 »

AIRS VARIÉS EN FEUILLES

POUR UN VIOLON.

Air écossais de la Dame blanche.	1 50
Air des Mystères d'Isis.	1 50
Air russe.	1 50
Air tyrolien et air hongrois.	1 50

MUSIQUE INSTRUMENTALE.

	fr. c.
Au clair de la lune	1 50
Barcarolle du Carnaval de Venise	1 50
Chœur du *Crociato* (le Croisé en Égypte)	1 50
Chœur de Robin des bois	1 50
Départ du grenadier (le)	1 50
Di tanti palpiti	1 50
Écoute, Écoute, nouvelle tyrolienne	1 50
Eh! vogue ma nacelle, barcarolle	1 50
Folies d'Espagne (les)	1 50
Marseillaise (la)	1 50
Nel cor più non mi sento	1 50
O Pescator	1 50
Parisienne (la)	1 50
Portrait charmant	1 50
Sul Margine	1 50
Valse de la reine de Prusse	1 50
Valse de Robin des bois	1 50

CONTREDANSES VALSES ET GALOPS.

JULLIEN.	Le devin du village, quadrille sur des motifs de J. J. Rousseau	Orchestre.	7 50
—	Le même	Quintette.	4 50
—	Le même	Violon seul.	1 »
—	Le Luthier de Vienne, quadrille	Orchestre.	7 50
—	Le même	Quintette.	4 50
—	Le même	Violon seul.	1 »
—	Mon rocher de Saint-Malo, quadrille et valse sur des motifs de Mademoiselle Puget	Orchestre.	7 50
—	Le même	Quintette.	4 50
—	Le même	Deux violons.	2 50
—	Le même	Violon seul.	1 »
—	Le Parisien, quadrille et valse	Orchestre.	7 50
—	Le même	Quintette.	4 50
—	Le Provincial, quadrille et galop sur des motifs villageois	Orchestre.	7 50
—	Le même	Quintette.	4 50
—	Le Sicilien, quadrille et galop sur des motifs italiens.	Orchestre.	7 50
—	Le même	Quintette.	4 50

MUSIQUE INSTRUMENTALE.

Suite des contredanses violon.

			fr. c.
JULLIEN.	Le Parisien, le Provincial, le Sicilien réunis pour	Deux violons.	4 50
MUSARD.	Le Lyonnais, quadrille.	Orchestre.	7 50
—	Le même.	Quintette.	4 50
—	Madrid, quadrille et valse sur des motifs espagnols.	Orchestre.	7 50
—	Le même.	Quintette.	4 50
—	Le même.	Deux violons.	2 50
—	Le Mauvais œil, quadrille.	Quintette.	4 50
—	Le Turc, quadrille et galop.	Orchestre.	7 50
—	Le même.	Quintette.	4 50
—	Le même.	Deux violons.	2 50
—	Venise, quadrille et valse.	Orchestre.	7 50
—	Le même.	Quintette.	4 50
—	Le Lyonnais et Venise réunis pour	deux violons.	4 50
TOLBECQUE.	La Croix d'or, quadrille et galop. . . .	Orchestre.	7 50
—	Le même.	Quintette.	4 50
—	Le même.	Deux violons.	2 50
—	Luthier de Vienne, quadrille.	Orchestre.	7 50
—	Le même.	Quintette	4 50
—	Le même.	Violon seul.	1 »
—	Marie, quadrille.	Quintette.	3 75
—	Le même.	Deux violons	2 50
—	Mauvais œil, quadrille.	Orchestre.	7 50
—	Le même.	Quintette.	4 50
—	Le même.	Deux violons.	2 50
—	Son Nom, quadrille sur des motifs de Mademoiselle Puget.	Orchestre.	7 50
—	Le même.	Quintette.	4 50
—	Le même.	Violon seul.	1 »
—	Une soirée au Vaudeville, 1er quadrille sur des motifs connus.	Quintette.	3 75
—	Le même.	Deux violons.	2 50
—	Soirée du vaudeville, 2e quadrille et valse sur des motifs connus.	Quintette.	4 50
—	Le même.	Deux violons.	2 50
—	Zampa, deux quadrilles.	Quintette, chaque.	3 75
—	Les mêmes réunis.	Deux violons.	3 75
***	Valse du duc de Reichstadt.		1 »

MUSIQUE INSTRUMENTALE.

VIOLONCELLE.

		fr. c.
DOTZAUER.	Op. 123. 75 Leçons pour le violoncelle, avec accompagnement d'un second violoncelle *ad libitum*, 3 livraisons. . . . . chaque.	7 50
BERGER.	Fantaisie sur la cavatine de Marie : *Une robe légère* avec acc. de quatuor ou piano.	6 »
SÉLIGMANN.	Fantaisie sur le mauvais œil pour violoncelle et piano.	6 »
GINESTET.	Fantaisie pour violoncelle et piano.	6 »

FLUTE.

AIRS D'OPÉRAS

POUR FLUTE, VIOLON, ALTO ET BASSE.

Marie, arrangés par Martinn.	15 »
Zampa, ou la Fiancée de marbre, arrangés par Gasse, deux suites. . . . . chaque	12 »

OUVERTURES

POUR FLUTE, VIOLON, ALTO ET BASSE.

Marie, arrangée par Martinn.	4 50
Zampa, ou la Fiancée de marbre, arrangée par Gasse.	5 »

TRIOS.

BROD.	Op. 24. Fantaisie sur des motifs de Marie, pour flûte, hautbois et basson, ou flûte, violon et basse, avec acc. de piano, *ad libitum*.	6 »

DUOS.

DEUX FLUTES.

CAMUS.	Op. 16. Trois duos concertants.	9 »
—	Op. 19. Trois duos concertants extraits d'auteurs allemands.	9 »
DEVIENNE.	Dix-huit duos progressifs extraits de la méthode. . .	3 75
—	Trente-six airs faciles en duos. *Id.*	4 50
DUGREUX.	Trois duos concertants et faciles.	4 50
KULHAU.	Op. 10. Trois duos concertants	9 »

MUSIQUE INSTRUMENTALE.

Suites des duos 2 flûtes.

		fr. c.
KULHAU.	Op. 39. Trois duos concertants.	12 »
TULOU.	Op. 62. Thème de Mercadante, varié pour 2 flûtes avec acc. de piano.	7 50

AIRS D'OPÉRAS

ARRANGÉS POUR DEUX FLUTES.

Luthier de Vienne (le) arrangés par Camus.	7 50
Marie, arrangés par Camus.	7 50
Zampa, ou la Fiancée de marbre, arrangés par Walckiers, deux suites. chaque.	7 50

DUOS

FLUTE ET GUITARE.

Voyez GUITARE.

DUOS

FLUTE ET PIANO.

GUILLOU ET PANSERON.	L'Angelus, chansonnette de Romagnési, variée.	6 »
N. LOUIS.	Op. 42. *Ave Maria*, nocturne concert.	5 »
TULOU.	Op. 59. L'Italie et l'Irlande, fantaisie concertante.	7 50
—	Op. 61. Souvenir, fantaisie brillante.	7 50
BOCHSA.	Op. 86. Nocturne concertant.	7 50

OUVERTURES.

DEUX FLUTES.

Alexis et Justine.	2 25
Blaise et Babet.	2 25
Caravane (la).	2 25
Célèbre d'Haydn.	2 25
Chambre à coucher (la).	2 25
Démophon.	2 25
Iphigénie en Aulide.	2 25
Jeune Henri.	3 »
Lodoïska.	2 25
Le Luthier de Vienne.	3 »

MUSIQUE INSTRUMENTALE.

		fr. c.
Marie.	arrangée par Camus.	2 50
Mariage de Figaro.		2 25
Muletier (le).		3 »
Noces de Dorine.		2 25
Panurge.		2 25
Petits Savoyards (les).		2 25
Prisonnier (le).		2 25
Robin des bois.		2 25
Zampa ou la Fiancée de marbre.	arrangée par Walckiers.	3 »
Armida.	arrangée par Camus.	2 50
Barbier de Séville (le).	*Id.*	2 50
Cenerentola.	*Id.*	2 50
Gazza ladra (la Pie voleuse).	*Id.*	2 50
Italienne à Alger (l').	*Id.*	2 50
Inganno felice (l').	*Id.*	2 50
Otello.	*Id.*	2 50
Sémiramis.	*Id.*	2 50
Tancredi ou Turc en Italie.	*Id.*	2 50

ÉTUDES. — FLUTE SEULE.

CAMUS. Op. 25. Douze études extraites de la nouvelle édition de la méthode de Devienne. . . . 7 50

HUGOT. Op. 13. Vingt-cinq grandes études. . . . 9 »

SONATES. — FLUTE SEULE.

DEVIENNE. Six sonates avec préludes, extraites de sa méthode. *Nouvelle édition.* . . . 9 »

AIRS VARIÉS ET FANTAISIES.

FLUTE, ORCHESTRE OU PIANO.

BERBIGUIER. Op. 84. Fantaisie sur la barcarolle de Marie, avec acc. d'orchestre. 10 »

— *Id* . . . avec acc. de piano. 7 50

CAMUS. Op. 27. Trois fantaisies sur des motifs de Zampa, pour flûte seule. . . . 7 50

— Cavatines italiennes avec les ornements et les points d'orgue, avec acc. de piano, en 9 livr. . . chaque 5 »

MUSIQUE INSTRUMENTALE.

Suite des airs variés et fantaisies flûte.

		fr.	c.
—	Les mêmes, pour flûte seule, en 3 liv. . . . chaque.	5	»
COTTIGNIES.	Op. 17. Six fantaisies pour flûte seule, en 2 livr. chaque.	5	»
—	Op. 21. Le Retour au Tyrol, grande fantaisie, avec acc. d'orchestre.	12	»
—	La même, avec acc. de piano.	7	50
—	Op. 26. Trois fantaisies, à la française, à l'allemande et à l'italienne avec acc. de piano, en 3 liv. chaq.	6	»
DONJON.	Op. 12. Fantaisie avec acc. de quatuor.	9	»
—	La même, avec acc. de piano.	7	50
MICHET FOLZ.	Air varié sur le Mauvais œil, avec acc. de piano. .	5	»
GUILLOU.	Trois fantaisies sur des thèmes de Rossini. Nos 1, 2 et 3, avec acc. de piano. . . . . chaque.	4	50
J. MASSET.	Op. 4. Fantaisie dédiée à Dorus, avec acc. d'orchestre	10	»
—	La même, avec acc. de piano.	6	»
TULOU.	Op. 55. Variations brillantes sur un motif de la Cenerentola, avec acc. de 2 violons, alto et basse. . .	12	»
—	*Idem*. . . . . avec acc. de piano.	7	50
—	Op. 56. Grandes variations sur le Château de Pau, romance de M. Paer. . . . . avec acc. d'orchestre.	15	»
—	*Idem*. . . . . avec acc. de piano.	7	50
—	Op. 59. L'Italie et l'Irlande, fantaisie concertante, flûte et piano.	7	50
—	Op. 60. Bonheur de se revoir, fantaisie et variations. avec acc. de 2 violons, alto et basse.	12	»
—	Op. 61. Souvenir, fantaisie brillante pour piano et flûte.	7	50
—	*Idem*. . . . . avec acc. de piano.	7	50
—	Op. 62. Introduction et variations sur un thème de Mercadante. . . . . avec acc. d'orchestre.	15	»
—	*Idem*. . . . . avec acc. de piano.	7	50
—	*Idem* . . . . pour 2 flûtes et piano.	7	50
TULOU.	Op. 66. Le bouquet de bal, fantaisie avec acc. d'orch.	15	»
—	Le même. . . . . avec acc. de piano.	7	50
WALCKIERS.	Op. 43. Fantaisie sur des motifs de Zampa, avec acc. de 2 violons, alto et basse.	12	»
—	*Idem*. . . . . avec acc. de piano.	7	50

MUSIQUE INSTRUMENTALE.

CONTREDANSES, VALSES ET GALOPS.

FLUTE.

			fr. c.
JULLIEN.	Le Devin du village, quadrille sur des motifs de J. J. Rousseau.	Flûte seule.	1 »
—	Le Luthier de Vienne, quadrille.	Flûte seule.	1 »
—	Mon rocher de Saint-Malo, quadrille sur des motifs de mademoiselle Puget.	Deux flûtes.	2 50
—	Le même.	Flûte seule.	1 »
—	Le Parisien, le Provincial et le Sicilien réunis	pour 2 flûtes.	4 50
MUSARD.	Madrid, quadrille et valse sur des motifs espagnols.	Deux flûtes.	2 50
—	Le Turc, quadrille sur des motifs orientaux.	Deux flûtes.	2 50
—	Venise, quadrille et valse, et le Lyonnais, quadrille et galop, réunis.	Deux flûtes.	4 50
TOLBECQUE.	La Croix d'or, quadrille et galop. . . .	Deux flûtes.	2 50
—	Luthier de Vienne (le), quadrille. . . .	Flûte seule.	1 »
—	Marie, quadrille.	Deux flûtes.	2 50
—	Mauvais œil (le), quadrille.	Deux flûtes.	2 50
—	Son Nom, quadrille sur des motifs de Mlle. Puget.	Flûte seule.	1 »
—	Une Soirée du Vaudeville, premier quadrille sur des motifs connus.	Deux flûtes.	2 50
—	Une Soirée du Vaudeville, deuxième quadrille sur des motifs connus.	Deux flûtes.	2 50
—	Zampa, deux quadrilles.	Deux flûtes.	3 75
***	Valse du duc de Reichstadt.	Flûte seule.	1 »

AIRS VARIÉS EN FEUILLES.

FLUTE SEULE.

Ah! vous dirai-je, maman?.	1 50
Air tyrolien et air hongrois.	1 50
Air écossais de la Dame blanche.	1 50
Air russe.	1 50
Air des Mystères d'Isis.	1 50
Au clair de la lune.	1 50
Barcarolle du Carnaval de Venise.	1 50

MUSIQUE INSTRUMENTALE.

Suite des airs en feuille; Flûte.

	fr. c.
Chœur du *Crociato* (le Croisé en Égypte)	1 50
Chœur de Robin des bois	1 50
Départ du grenadier (le)	1 50
Di tanti palpiti	1 50
Écoute, écoute, nouvelle tyrolienne	1 50
Eh! vogue ma nacelle, barcarolle	1 50
Folies d'Espagne (les)	1 50
Gavotte de Vestris (la)	1 50
Marseillaise (la)	1 50
Nel cor più non mi sento	1 50
O Pescator	1 50
Pas russe (le)	1 50
Parisienne (la)	1 50
Portrait charmant	1 50
Sul Margine	1 50
Valse de la reine de Prusse	1 50
Valse de Robin des bois	1 50

CLARINETTE.

F. BERR.	Premier concerto pour clarinette en *si* bémol, avec orchestre	15 »
—	*Le même*, avec piano	7 50

AIRS D'OPÉRAS.

DEUX CLARINETTES.

Zampa, ou la Fiancée de marbre, arrangés par Berr, deux suites. chaque. 6 »

OUVERTURES.

DEUX CLARINETTES.

Célèbre d'Haydn	2 25
Zampa, arrangée par Berr	3 »

MUSIQUE INSTRUMENTALE.

DUOS.

CLARINETTE ET PIANO.

BERR ET FESSY. Deuxième fantaisie concertante sur un thème de Mathilde de Shabran. 7 50
— Quatrième fantaisie sur la valse de Weber. 7 50
— Quatorzième fantaisie sur la valse du duc de Reichstadt. 7 50

AIRS VARIÉS ET FANTAISIES.

BERR. Sixième air varié pour clarinette en *si* bémol, avec accomp. d'orchestre ou harmonie et piano. . . . 12 »
avec piano. 7 50
— Premier divertissement pour clarinette en *si* bémol, avec piano. 7 50
— Trois fantaisies sur Zampa. . . pour clarinette seule. 7 50

CONTREDANSES

POUR DEUX CLARINETTES.

TOLBECQUE. Zampa. . . . . Deux quadrilles. 3 75

AIRS VARIÉS EN FEUILLES

CLARINETTE SEULE.

*** Ah! vous dirai-je, maman?. 1 50
BERR. Marseillaise (la). 1 50
— Parisienne (la). 1 50

RECUEILS D'AIRS, CONTREDANSES ET VALSES

POUR UNE CLARINETTE.

Récréation musicale. Recueil de cinquante morceaux, airs, marches, contredanses, valses, etc. N° 1 à 10. . . . . . chaque. 3 »
Recueil de contredanses et valses extraites de divers opéras. N° 1 à 3. chaque. 3 »
Recueil de valses. N° 1 et 2. . . . . chaque. 3 »

MUSIQUE INSTRUMENTALE.

COR.

DUOS.

		fr. c.
BERR.	Première fantaisie pour cor et piano.	6 »
CLAPISSON.	Quinze petits duos pour deux cors. . troisième livre.	3 »
—	Douze petits duos, dont trois airs variés pour deux cors. . . . . quatrième livre.	3 »
DE BRUCQ.	Vingt duos pour premier et second cor.	7 50

—

BASSON.

TRIOS.

BROD.	Op. 24. Fantaisie sur des thèmes de Marie, pour piano, hautbois et basson.	6 »
—	*Idem* pour flûte, hautbois et basson, avec acc. de piano, *ad libitum*.	6 »

AIRS VARIÉS ET FANTAISIES.

BERR.	Fantaisie sur la cavatine de Marie : *Une robe légère*, avec acc. d'orchestre.	9 »
—	*Idem*. . . . . avec acc. de piano.	6 »
—	Variations sur un thème allemand, avec acc. d'orch.	9 »
—	*Idem*. . . . . avec acc. de piano.	6 »
—	Premier concertino sur un thème de Rossini, avec acc. d'orchestre.	10 »
—	*Idem*. . . . . avec acc. de piano.	6 »
—	Deuxième concertino sur un theme allemand, avec acc. d'orchestre.	10 »
—	*Idem*. . . . . avec acc. de piano.	6 »
—	Deux cavatines de Rossini. . . . avec acc. de piano.	
	N° 1. Le Barbier de Séville.	4 50
	N° 2. La Gazza ladra.	4 50
F. BERR ET FESSY.	Fantaisie concertante, sur un thème de Mathilde de Shabran. . . . . Basson et piano.	7 50
—	Fantaisie concertante sur la Dernière pensée de Weber. . . . . Basson et piano.	7 50

MUSIQUE INSTRUMENTALE.

BUGLE ET OPHICLÉIDE.

L. DE BRUCQ. Quinze duos. . . . . pour 2 bugles. 6 »
— Vingt duos. . . . . pour 2 ophicléïdes basses. 6 »

—

CORNET A PISTONS.

ANDRELANG. Op. 3. Duos faciles. . . . . pour 2 cornets. 4 50
— Op. 4. Douze duos. . . . . pour 2 cornets. 4 50
BAILLY. Cavatine du Pirate variée. . . . pour cornet et piano. 6 »
— Six valses. . . . . pour cornet et piano. 5 »
— Solo dédié à Dufrène. . . . . *Id.* 4 50
CORNETTE. Quinze petits duos sur les airs de Zampa. . 2 cornets. 5 »
— Cent romances pour cornet seul. . . 2 livraisons, chaq. 5 »
PH. GATTERMANN. Air suisse varié. . . . . pour cornet et piano. 5 »
— Petits duos extraits de sa méthode. 4 50
— Trente morceaux pour cornet seul, extraits de sa méthode. 4 50
N. LOUIS. *Ave Maria,* pour cornet et piano, nocturne concert. 5 »
A. SCHNEIDER. Op. 17. Seize duos faciles. . . . pour 2 cornets. 6 »

CONTREDANSES.

CORNET SEUL.

JULLIEN. Le Devin du village. . . . . 1 »
— Le Luthier de Vienne. . . . . 1 »
— Mon rocher de Saint-Malo. . . . . 1 »
J. B. TOLBECQUE. Le luthier de Vienne. . . . . 1 »
Son nom. 1 »
MUSARD FILS. Venise. . . . . pour 2 cornets. 2 50

—

FLAGEOLET.

ROY. Op. 85. Quinze petits duos. 2 50
— Op. 86. Vingt-quatre duos faciles. 3 75
J. GARD. Cent Romances pour flageolet seul, en 3 liv. chaque 4 50
*** Valse du duc de Reichstadt. . . . . Flageolet seul. 1 »

MUSIQUE INSTRUMENTALE.

Suite du Flageolet.

CONTREDANSES, VALSES ET GALOPS.

			fr. c.
JULLIEN.	Le Devin du village.	Flageolet seul.	1 »
—	Le Luthier de Vienne.	Id. . .	1 »
—	Mon rocher de Saint-Malo.	Deux flageolets.	2 50
—	*Idem*.	Flageolet seul.	1 »
—	Le Provincial, le Parisien et le Sicilien réunis.	Deux flageolets.	4 50
MUSARD.	Madrid, quadrille et valse.	Id. . .	2 50
—	Quadrille Turc.	Id. . .	2 50
—	Venise et le Lyonnais réunis.	Id. . .	4 50
J. B. TOLBECQUE.	La croix d'or.	Id. . .	2 50
—	Le Luthier de Vienne.	Flageolet seul.	1 »
—	Marie.	Deux flageolets.	2 50
—	Le Mauvais œil.	*Id.* . .	2 50
—	Son Nom.	*Id.* . .	2 50
—	*Le même*.	Flageolet seul.	1 »
—	Une Soirée du Vaudeville.	Deux flageolets.	2 50
—	Deuxième Soirée.	*Id.* . .	2 50
—	Zampa, 2 quadrilles réunis	*Id.* . .	3 75
—	Valse du duc de Reichstadt.	Flageolet seul.	1 »

MUSIQUE INSTRUMENTALE.

MUSIQUE DE PIANO.

CONCERTOS.

		fr.	c.
HENRI HERZ.	Op. 87. Troisième concerto dédié à la société philharmonique de Londres. . . . . Piano seul.	15	»
	Orchestre séparé.	36	»
J. FIELD.	Septième concerto. . . . . Piano seul.	12	»
	Orchestre séparé.	24	»

TRIOS.

BERTINI.	Op. 20. Trio pour piano, violon et basse. . . . N° 1.	6	»
—	Op. 21. Trio. . . . . *id.* . . . . N° 2.	6	»
—	Op. 22. Trio. . . . . *id.* . . . . N° 3.	6	»
BROD.	Op. 24. Fantaisie sur les airs de Marie, pour piano, violon et basse, ou piano, hautbois et basson. . .	6	»
RASETTI.	Op. 13. Trio pour piano, violon ou flûte, et basse. N° 1.	7	50

DUOS.

PIANO ET VIOLON.

BERR ET FESSY.	Fantaisie concertante sur un motif de Mathilde de Shabran.	7	50
BOCHSA.	Op. 86. Nocturne concertant.	7	50
CRAMER.	Polonaise.	4	50
CZERNY ET LAFONT.	Variations concertantes sur un air militaire.	9	»
—	Variations concertantes sur une romance à l'espagnole.	9	»
ALPH. DE FELTRE.	Op. 7. Air varié concertant.	7	50
FESSY ET LAGOANÈRE.	Fantaisie et Variations sur des motifs de Moïse.	6	»
—	Nocturne sur des motifs du Pirate.	6	»
GHYS.	Op. 29. Souvenir écossais.	6	»
HUMMEL.	Op. 108. Amusement.	6	»
JANSA.	Op. 34. Variations concertantes sur un motif de Marie.	6	»
LAFONT ET GINESTET.	Fantaisie pour violon et piano.	7	50
N. LOUIS.	Op. 6. Rondoletto.	5	»

MUSIQUE INSTRUMENTALE.

Suite des Duos; Piano et Violon.

		fr. c.
N. LOUIS.	Op. 7. Troisième fantaisie concertante sur *Emmène-moi* de Panseron.	7 50
—	Op. 17. Sixième fantaisie concertante sur la valse du duc de Reichstadt.	7 50
—	Op. 21. Fantaisie mignonne sur le *Doux air de Venise* et le *Tyrol qui m'as vu naître* de Panseron.	6 »
—	Op. 23. Neuvième fantaisie concertante sur le *Bouquet de bal* de Mad. Duchambge.	9 »
—	Op. 35. Variations concertantes sur *Zampa*.	7 50
—	Op. 42. *AveMaria* de mademoiselle Puget, nocturne concertant.	5 »
MAYSEDER.	Op. 16. *Di tanti palpiti*, varié.	6 »
—	Op. 30. Premier duo.	6 »
—	Op. 35. Divertissement.	4 50
—	Op. 37. Cavatine de Sémiramis, variée.	6 »
PIXIS.	Op. 32. Variations sur un thème de la *Clémence de Titus*.	4 50

PIANO ET VIOLONCELLE.

GINESTET.	Fantaisie.	6 »
SÉLIGMANN.	Fantaisie sur le Mauvais œil.	6 »

PIANO ET FLUTE.

BOCHSA.	Op. 86. Nocturne concertant.	7 50
CRAMER.	Polonaise.	4 50
GUILLOU ET PANSERON.	*L'Angelus*, chansonnette de Romagnési, variée.	6 »
KARR.	Op. 113. Divertissement sur des motifs de Rossini.. .	4 50
LATOUR.	Air hongrois et tyrolien.	4 50
—	Biondina (la).	4 50
—	Cocarde (la).	4 50
—	*Di tanti palpiti*.	4 50
—	*Mamma mia*.	4 50
—	*O dolce concento*.	4 50
—	Réplique (la).	4 50
—	*Sul Margine*.	6 »
N. LOUIS,	Op. 42. *Ave Maria*, nocturne concert. Flûte et piano.	5 »

MUSIQUE INSTRUMENTALE.

Suite des Duos Piano et Flûte.

		fr. c.
TULOU.	Op. 59. L'Italie et l'Irlande, fantaisie concertante. . .	7 50
—	Op. 61. Souvenir, fantaisie brillante.	7 50

PIANO ET CLARINETTE.

BERR ET FESSY.	Fantaisie concertante sur un motif de Mathilde de Shabran.	7 50
—	Quatrième fantaisie sur la valse de Weber.	7 50
—	Quatorzième fantaisie sur la Valse du duc de Reichstadt.	7 50

DUOS.

PIANO ET COR.

F. BERR.	Première fantaisie.	6 »

DUOS.

PIANO ET GUITARE.

Voyez GUITARE.

DUOS

PIANO ET HARPE.

Voyez HARPE.

DUOS PIANO.

A QUATRE MAINS.

ADAM.	Op. 33. Rondoletto sur le *Clic-clac des Omnibus*. . . .	5 »
CZERNY.	Op. 158. Trois rondos très faciles et doigtés.	6 »
—	Op. 225. Variations brillantes sur la Romance d'*Ivanhoë*.	7 50
—	Op. 247. Deux fantaisies sur Zampa, n. 1 et 2. Chaq.	7 50
H. HERZ.	Op. 51. Dernière pensée de Weber, arrangée par L. Farrenc.	9 »
—	Op. 60. La *Cenerentola*. . . . . *id.*	7 50

MUSIQUE INSTRUMENTALE.

Suite des Duos à quatre mains.

			fr. c.
H. HERZ.	Op. 61. Trois rondos. . . .	arrangés par L. Farrenc.	
	N° 1. A la Française.	id. . . .	6 »
	N° 2. A l'Anglaise.	id. . . .	6 »
	N° 3. A l'Allemande.	id. . . .	6 »
—	Op. 64. La Mode, contredanses variées. .	id. . . .	7 50
—	Galop brillant.	id. . . .	4 50
—	Op. 66. Variations brillantes sur Zampa.	id. . . .	7 50
FARRENC.	Mélange sur les motifs favoris de Zampa.		7 50
FESSY.	Op. 28. Variations brillantes sur la Valse de Weber. .		7 50
FRANÇOIS HUNTEN.	Op. 28. Rondo brillant sur un thème d'Elisabeth.		6 »
—	Op. 30. Quatre rondos faciles, 2 livraisons. .	Chaque.	5 »
—	Op. 31. Rondoletto sur un thème du Barbier de Séville.		6 »
—	Op. 32. Air suisse varié.		7 50
—	Op. 34. Thème de Haendel, varié		6 »
—	Op. 35. Polonaise de Tancrède.		5 »
—	Op. 36. Cavatine du Pirate, variée.		6 »
—	Op. 37. Marche militaire.		6 »
—	Op. 55. Deux rondos.		
	N° 1. Thème de Carafa.		4 50
	N° 2 *Calascioneta napolitana*.		4 50
—	Op. 73. La petite Soirée; trois quadrilles, deux valses et un galop.	Chaque.	4 50
—	Op. 75. Les petites Folles, trois quadrilles, deux valses et un galop.	Chaque.	4 50
KARR.	Op. 109. Nocturne sur les airs du Barbier de Séville, N. 1 et 2.	Chaque.	5 »
—	Op. 194. Mélange sur les airs de Marie. N. 1 et 2.	Chaq.	5 »
KOZELUCK.	Op. 19. Sonate facile.		4 50
LATOUR.	*O dolce concento*.		4 50
—	*Sul margine d'un rio*.		4 50
—	Le Hussard et le Tyrolien.		4 50
AUG. PILATI.	Op. 39. Deux bluettes.		
	N. 1. La Straniera.		4 50
	N. 2. Anna Bolena.		4 50
RIES.	Op. 35. Le Retour des troupes, grande marche. . .		4 50

MUSIQUE INSTRUMENTALE.

Suite des Duos à quatre mains.

RIES. *Di tanti palpiti*, cavatine de Tancrède. 4 50

SCHUBERT. Op. 82. Variations sur un thème de Marie. . . . . 6 »

CH. SCHUNKE. Rondo suivi d'un galop sur le postillon de madame Ablou. . . . . Musique de Clapisson. 6 »

OUVERTURES.

A QUATRE MAINS.

Barbier de Séville (le). 4 50
Caravane (la). 3 75
Démophon. 3 75
Gazza ladra (*la*). 4 50
Iphigénie en Aulide. 3 75
Italienne à Alger (l'). 4 50
Lodoïska. 3 75
Marie. 6 »
Mariage de Figaro. 3 75
Otello. 4 50
Panurge. 3 75
Sémiramis. 4 50
Tancredi ou Turc en Italie. 4 50
Zampa. 5 »

ÉTUDES.

PIANO.

CHAULIEU. Op. 100. L'*Indispensable*, Manuel des jeunes pianistes, ou Études journalières, contenant les gammes, des cadences, des exercices pour égaliser les doigts, une application harmonique dans tous les tons, et vingt-quatre petits préludes; nouvelle édition corrigée et augmentée d'un supplément; contenant une étude développée des gammes diatoniques et chromatiques, une étude complète d'arpèges et d'accords. . . . . 15 »

CLÉMENTI. Étude journalière de gammes, dans tous les tons majeurs et mineurs. 4 50

CRAMER. Quarante-deux exercices ou études. . Deuxième suite. 18 »

MUSIQUE INSTRUMENTALE.

Suite des Études Piano.

		fr. c.
FRANÇOIS HUNTEN.	Op. 80. Dix-huit exercices progressifs, dédiés aux pensionnats de France.	7 50
—	Op. 81. Douze études mélodiques.	9 »
CH. CZERNY.	Op. 139. Cent exercices faciles et doigtés, nouvelle édition, 1re, 2e et 3e livraisons. . . . . . Chaque.	1 50
	4e livraison.	6 »
SCHMIDT.	Op. 16. Études, nouvelle édition. . . Premier livre.	9 »
VIGUERIE.	Op. 13. Douze préludes faciles extraits de la méthode.	1 50

SONATES.

PIANO.

BEETHOVEN.	Op. 13. Sonate pathétique.	7 50
CLÉMENTI.	Op. 21. Trois sonates, avec acc. de flûte ou violon et basse, *ad libitum*.	7 50
—	Op. 22. Trois sonates. . . . . *Id.*	7 50
—	Op. 28. Trois sonates, avec acc. de violon et basse, *ad libitum*.	9 »
—	Op. 36 et 39. Six sonates progressives et doigtées. *Id.*	7 50
CRAMER.	Op. 4. Trois sonates, avec acc. de violon, *ad libitum*.	9 »
—	Op. 7. Trois sonates. . . . . *Id.*	9 »
—	Op. 50. La parodie.	1 50
DUSSEK.	Op. 24. Trois sonates. . . . . . *Id.*	9 »
—	Op. 46. Six sonates faciles. . . . *Id.*	7 50
NICOLAÏ.	Op. 11. Six sonates faciles, nouvelle édition. *Id.* . . .	9 »
PLEYEL.	Op. 14. Trois sonates, avec acc. de flûte ou violon et basse, *ad libitum*.	9 »
STEIBELT.	Op. 35. Trois sonates avec acc. de violon, *ad libitum*.	7 50
—	Op. 37. Trois sonates. . . . . . *Id.*	7 50
—	Op. 39. Trois sonates avec acc. de flûte ou violon, *ad libitum*.	9 »
—	Op. 41. Trois sonates progressives.	1 50
VIGUERIE.	Op. 9. Quatre sonates faciles avec acc. de violon, *ad libitum*.	7 50
—	Op. 12. Six sonates faciles et doigtées, extraites de la méthode.	7 50

MUSIQUE INSTRUMENTALE.

AIRS VARIÉS ET FANTAISIES.

PIANO.

		fr. c.
ADAM.	Op. 16. Mélange facile sur les motifs de Marie. . . .	5 »
—	Op. 20. Mélange sur les motifs du ballet *Astolphe et Joconde*.	5 »
—	Op. 27. Rondoletto sur le *Clic-clac des Omnibus*. . .	4 50
—	Op. 36. Mélange sur les motifs du ballet la *Belle au bois dormant*.	6 »
—	Op. 54. Mélange sur des airs nationaux.	5 »
—	Op. 65. Mélange sur les motifs de la *Chatte blanche*. .	5 »
—	Op. 66. Mélange sur les motifs de *Zampa*.	6 »
—	Op. 69. Mélange sur les motifs du *Pirate*.	5 »
—	Op. 92. Mélange sur le *Fils du Prince*.	6 »
—	Recueil d'airs connus très faciles et doigtés.	5 »
—	Quinze morceaux faciles et doigtés extraits de l'opéra de *Zampa*. N. 1 et 2. . . . . Chaque.	5 »
—	Deux mosaïques sur le *Luthier de Vienne*, N. 1 et 2. Chaque.	6 »
—	Mélange sur les motifs du *Mauvais œil*, musique de mademoiselle L. Puget.	6 »
—	Mire dans mes yeux tes yeux, rondoletto sur une chansonnette de mademoiselle Puget.	5 »
BERTINI.	Op. 101. Le Repos, 24 mélodies dédiées aux jeunes élèves, en 3 livraisons. . . . . chaque.	6 »
	L'auteur a composé ces 24 petites mélodies pour remplacer les airs connus dont le doigté n'est pas toujours régulier. Les jeunes pianistes y trouveront sous des formes agréables des sujets d'études sur le rhythme, le style et l'application des principes, pour arriver à une bonne exécution.	
—	Op. 104. Impression de voyage, les Souvenirs. . . .	5 »
—	Op. 111. Son nom, rondo caprice sur une romance de mademoiselle Loïsa Puget.	6 »
Melle BERLOT.	Op. 8. Rondeau sur une barcarolle de Panseron, le Ciel est pur.	5 »
—	Op. 12. Fantaisie sur les motifs de Zampa.	5 »
CHAULIEU.	Op. 40. Rondeau brillant sur la barcarolle de Panseron : *Eh vogue ma nacelle*.	5 »

MUSIQUE INSTRUMENTALE.

Suite des airs variés et fantaisies Piano.

		fr.	c.
CHAULIEU.	Op. 41. Rondeau brillant sur un motif favori de *Marie*.	5	»
—	Op. 42. Variat. sur les couplets de Marie, *Tic tac*. . .	5	»
—	Op. 51. Variations sur la *Galopade hongroise*. . . .	5	»
—	Op. 60. Variat. sur la chanson du *comte Ory*. . . .	5	»
—	Op. 61. Variations faciles sur le *Hussard de Felsheim*.	4	50
—	Op. 77. Fleuve du Tage, romance var.	5	»
—	Op. 78. Air suisse varié.	5	»
—	Op. 79. Thème portugais varié	5	»
—	Op. 80. La Valse, rondeau.	5	»
—	Op. 81. Air écossais varié.	5	»
—	Op. 82. Rondino sur un motif du *Freyschutz*. . . .	5	»
—	Op. 120. La Barcarolle, rondeau brillant sur un motif de *Zampa*.	6	»
—	Op. 121. Variations brillantes sur la ballade de *Zampa*.	6	»
CHARPENTIER.	Les Folies d'Espagne, variées.	3	75
CRAMER.	Air anglo-calédonien, varié.	3	60
—	Air hanovrien, varié.	4	50
—	Air saxon, varié.	4	50
—	L'amour a des yeux.	3	75
—	Rendez-vous à la chasse.	3	75
—	Le Petit rien.	3	»
—	Le Songe de Rousseau.	4	50
CZERNY.	Op. 9. Variations sur un air allemand.	5	»
—	Op. 14. Variations brillantes exécutées par Listz. .	6	»
—	Op. 17. Rondeau brillant sur un menuet.	5	»
—	Op. 22. Rondino sur une cavatine de la *Zelmira*. . .	4	50
—	Op. 158. Trois rondeaux faciles et doigtés.	6	»
—	Op. 247. Deux Fantaisies sur Zampa. N. 1 et 2. Chaque.	6	»
—	Op. 249. Variations sur la valse du duc de Reischtadt	6	»
—	Op. 279. 19 Rondino sur Zampa.	6	»
DUSSEK.	Op. 62. La Consolation.	3	75
—	La Matinée, rondeau facile.	3	»
—	Ma Barque légère, en rondeau.	3	75
—	Rondeau extrait du sixième concerto.	4	50
J.-B. DUVERNOY.	Op. 71. Cavatine de Donizetti variée.	5	»
A. DE FELTRE.	Op. 6. Rondo montagnard.	5	»

MUSIQUE INSTRUMENTALE.

Suite des airs variés et fantaisies Piano.

		fr. c.
FESSY.	Rondeau brillant sur le *Hussard de Felsheim*.	5 »
—	Op. 10. Rondeau brillant sur une romance de Bruguière : *Rendez-moi mon léger bateau*.	6 »
—	Op. 26. Rondeau sur un galop favori et un air anglais varié.	5 »
—	Op. 27. Air suisse et la valse de Weber, variés. . . .	5 »
J. FIELD.	7e Concerto. . . . . piano seul.	12 »
—	12e et 13e nocturnes.	4 50
GELINEK.	*Nel cor più non mi sento*, duo de la Molinara.	3 75
—	Valse de Hummel, variée.	4 50
—	Le Cor de poste, valse variée.	3 75
—	Air de la Famille suisse, varié.	3 75
—	Pot-pourri sur des motifs de Rossini.	4 50
—	Air tyrolien, varié.	4 50
—	Valse favorite de la reine de Prusse, variée.	4 50
—	La gavotte d'Armide, variée.	4 50
—	Romance de J.-J. Rousseau, variée.	4 50
—	Romance de Nina, variée.	4 50
—	Air allemand : *Ich liebe*, je t'aime.	4 50
—	Rondeau brillant.	4 50
—	*Di tanti palpiti*, cavatine de *Tancredi*, variée. . . .	5 »
—	Valse de Robin des bois, variée.	4 50
—	Chœur de Robin des bois, varié.	4 50
L. GOMION.	Mon rocher de Saint-Malo, variations brillantes sur une chansonnette de mademoiselle L. Puget. . . .	5 »
HEROLD.	Op. 34. Rondeau-valse.	5 »
—	Op. 43. Neuvième grande fantaisie sur les motifs de Marie.	7 50
—	Op. 44. Rondeau brillant.	5 »
—	Op. 45. Dixième fantaisie sur des motifs de la *Somnambule*.	6 »
—	Op. 46. Rondeau brillant.	6 »
—	Op. 47. Rondeau Turc.	4 50
—	Op. 48. Rondeau, variations et polacca.	7 50
—	Op. 50. Air de ballet.	4 50
—	Op. 51. Allegro bacchanale.	5 »
—	Op. 55. Andante et rondo sur un motif de *Zampa*. . .	5 »

MUSIQUE INSTRUMENTALE.

Suite des airs variés et fantaisies Piano.

		fr. c.
HEROLD.	Op. 56. Souvenirs d'*Anna Bolena*, fantaisie et variations.	7 50
HENRI HERZ.	Op. 25. Polonaise brillante, *deuxième édition*, corrigée par l'auteur.	7 50
—	Op. 33. Rondeau caractéristique sur la barcarolle de Marie, *deuxième édition*, corrigée par l'auteur.	7 50
—	Op. 51. Variations sur la Valse de *Weber*.	7 50
—	Op. 60. Variations sur un motif de la *Cenerentola*, deuxième édit.	7 50
—	Op. 61. Trois rondeaux caractéristiques.	
	N° 1. A la Française.	6 »
	2. A l'Anglaise.	6 »
	3. A l'Allemande.	6 »
—	Op. 64. La mode, contredanses variées, *nouvelle édition* simplifiée par l'auteur.	7 50
—	Op. 66. Variations sur un motif de *Zampa*.	7 50
—	Op. 86. Divertissement militaire.	7 50
—	Op. 87. Troisième concerto pour le piano, dédié à la société philharmonique de Londres.	15 »
—	Grand solo extrait du troisième concerto.	7 50
—	Rondeau brillant extrait du troisième concerto.	7 50
—	Mélodie écossaise extraite du troisième concerto.	4 50
—	Op. 88. Les trois genres, mélodies variées.	
	N° 1. Genre italien. Cavatine de Bellini.	7 50
	N° 2. Genre religieux. *Ave Maria* de mademoiselle Loïsa Puget.	7 50
	N° 3. Genre allemand. Ballade de Schubert.	7 50
—	Op. 91. Trois morceaux de salon.	
	N° 1. La Chasse.	6 »
	N° 2. La Mazurka.	6 »
	N° 3. Le Mouvement perpétuel.	6 »
F. HILLER.	Op. 10. Caprice fantastique, morceau de concert.	6 »
HUMMEL.	Op. 55. *La bella capriciosa*, nouvelle édition.	4 50
—	Op. 56. Rondeau brillant.	5 »
FRANÇOIS HUNTEN.	Op. 29. Fantaisie sur des motifs de Sémiramis.	6 »

MUSIQUE INSTRUMENTALE.

Suite des airs variés et fantaisies Piano.

		fr.	c.
FRANÇOIS HÜNTEN.	Op. 30. Quatre rondeaux faciles.		
	N° 1. *Ricciardo* et *Zoraïde* et le *Petit tambour*.	5	»
	N° 2. La *Cenerentola* et le *Siége de Corinthe*. .	5	»
—	Op. 33. Air italien varié.	5	»
—	Op. 38. Air tyrolien varié.	5	»
—	Op. 41. Variations sur une cavatine de Meyerbeer. .	6	»
—	Op. 42. Deux rondeaux, Edouard et Christine et Mathilde de Shabran.	6	»
—	Op. 48. Fantaisie brillante.	6	»
—	Op. 54. Deuxième rondeau militaire sur un thème favori.	6	»
—	Op. 65. Trois airs italiens.		
	N° 1. La Zaïra de Mercadante.	5	»
	2. La Niobé de Pacini.	5	»
	3. La Norma de Bellini.	5	»
—	Op. 73. La petite soirée, trois quadrilles. . . Chaque.	4	50
—	Op. 75. Les petites folles, trois quadrilles. . . Chaque.	4	50
—	Op. 78. Mélodies gracieuses, trois airs variés et trois rondeaux, en trois livraisons. . . . Chaque.	5	»
—	Op. 85. Les premières leçons récréatives, recueil de petits morceaux composés et doigtés expressément pour rendre l'étude agréable et facile aux jeunes élèves, en trois livraisons.		
	N° 1. Les dix premières leçons.	5	»
	2. Huit petits morceaux.	5	»
	3. Quatre rondineaux.	5	»
—	Op. 86. Une chanson des montagnes, variée. . . .	6	»
—	Op. 87. Le premier succès, deux morceaux faciles et brillants, sur des thèmes de Bellini et de Mercadante.	6	»
—	Op. 88. Variations brillantes sur la romance du Mauvais œil, musique de mademoiselle L. Puget. . .	6	»
—	Rondoletto.	5	»
—	Rondoletto sur le Fils du prince.	5	»
HÜNTEN (W.)	Op. 20. Variat. brillantes sur un thème du Pirate. .	6	»
—	Op. 25. Variations de Mayseder.	4	50
—	Op. 40. . . . . *Idem*.	4	50

MUSIQUE INSTRUMENTALE.

Suite des airs variés et fantaisies Piano.

		fr.	c.
KALKBRENNER.	Op. 115. Variations brillantes sur le Bonheur de se revoir.	6	»
KARR.	Op. 80. Récréation musicale.	4	50
—	Op. 81. Fantaisie sur le Montagnard émigré.	4	50
—	Op. 111. Écoute, écoute, tyrolienne favorite variée.	4	50
—	Op. 167. Fantaisie sur la *Zelmira*.	4	50
—	Op. 179. Rondoletto sur la barcarolle de Marie.	5	»
—	Op. 192. Fantaisie sur *Une robe légère*, de Marie.	5	»
—	Fantaisie sur la barcarolle de Zampa.	4	50
KUHLAU.	Op. 97. Deux rondeaux sur des motifs de Marie.		
	N° 1. Sur la barcarolle.	5	»
	2. Sur la romance : *Je pars demain*.	5	»
LATOUR.	Trois valses variées, la Léopoldine, la Copenhague et la Guarache.	4	50
—	Six airs variés.	7	50
—	*O Pescator dell' onda*, varié.	4	50
—	Air hongrois et air tyrolien, variés, avec accompagnement de flûte, *ad libitum*.	4	50
—	*La Biondina*, air italien varié. *id.*	4	50
—	La Cocarde, divertissement. *id.*	4	50
—	*Di tanti palpiti*, varié. *id.*	4	50
—	*Mamma mia*, air italien varié. *id.*	4	50
—	*O dolce concento*, varié. *id.*	4	50
—	*Sul Margine*, varié. *id.*	6	»
A. LE CARPENTIER.	Op. 19. Air du Simplon, varié.	4	50
—	Op. 20. Première récréation sur le Bonheur de se revoir.	4	50
—	Op. 21. Deuxième récréation sur un air tyrolien.	4	50
—	Op. 26. Bagatelle sur des airs chantés par madame Damoreau dans le Luthier de Vienne de Hippolyte Monpou.	4	50
—	Op. 27. Deuxième bagatelle sur la ronde chantée par Mad. Damoreau dans le Mauvais œil, musique de Mlle L. Puget.	4	50
H. LEMOINE.	Op. 17. Divertissement sur des motifs de *Zampa*.	5	»
—	Sixième bagatelle sur des motifs de *Zampa*.	4	50
MAYSEDER.	Op. 21. Rondeau sur le *Petit tambour*.	5	»

MUSIQUE INSTRUMENTALE.

Suite des airs variés et fantaisies Piano.

		fr.	c.
NAZZINGHI.	La petite surprise et le petit Favori. . . . . facile.	4	50
MOSCHELÈS.	Op. 12. Introduction et rondeau sur l'air du Carnaval de Venise.	4	50
—	Op. 19. Introduction et polonaise.	4	50
—	Op. 32. Grandes variations sur la Marche d'Alexandre.	6	»
—	Op. 39. Air autrichien varié.	4	50
PANORMO.	La grande valse de l'oiseau et le rondeau de l'alouette très facile.	4	50
AUG. PILATI.	Op. 43. Six airs variés, faciles et brillants.		
Première Livraison.	N° 1. Les adieux à la Suisse. N° 2. Danses et galops suisses.	6	»
Deuxième Livraison.	N° 3. Thème de Carafa. N° 4. Air anglais.	6	»
Troisième Livraison.	N° 5. La Folle. N° 6. Thème original.	6	»
—	Op. 47. Rondoletto sur Venise.	5	»
—	Six petits airs du ***Fils du Prince***.	5	»
PIXIS.	Op. 27. Polonaise sur la cavatine de *Tancredi* . . .	4	50
—	Op. 31. Polonaise brillante.	6	»
—	Op. 48. Les Charmes de Vienne.	4	50
RHEIN.	Op. 11. Trois rondeaux.		
	N° 1. Le Polonais.	5	»
	2. L'Élégant.	5	»
	3. Le Caprice.	5	»
—	Le repos de l'étude, choix de vingt airs variés, doigtés et classés progressivement en deux suites, N. 3 et 4. . . . . chaque.	6	»
SCHUNKE.	Op. 50. La Batelière, rondeau de salon sur un air favori du Mauvais œil.	7	50
—	Rondoletto suivi d'un galop sur le postillon de madame Ablou. . . . . Musique de Clapisson.	5	»
STEIBELT.	L'Orage, précédé d'un rondeau pastoral.	3	75
—	Rondeau turc, avec acc. de violon ***ad libitum***. . . .	3	75
—	Polonaise chantée par madame Billington.	3	»
S. THALBERG.	Op. 2. Fantaisie et variations sur un air écossais. .	6	»
—	Op. 4. Douze caprices en forme de valses.	6	»

MUSIQUE INSTRUMENTALE.

Suite des airs variés et fantaisies Piano.

		fr.	c.
S. THALBERG.	Op. 9. Fantaisie et variations sur la *Straniera*. . . .	7	50
—	Op. 10. Fantaisie et variations sur *i Capuleti*.	7	50
—	Op. 14. Fantaisie et variations sur *Don Juan*.	9	»
—	Op. 16. Deux nocturnes.	5	»
—	Op. 17. Deux airs russes variés.	7	50
VIGUERIE.	Op. 13. Douze préludes.	4	50
—	Grande bataille de Marengo, avec acc. de violon ou violoncelle, *ad libitum*.	5	»
WEBER.	Op. 65. L'Invitation pour la valse, rondeau brillant. .	5	»
***	Bataille de Prague, avec acc. de violon ou violoncelle, *ad libitum*.	4	50

—

ENCOURAGEMENT

AUX JEUNES PIANISTES.

Collection d'airs variés, caprices, divertissements, galops, rondolettos, valses, etc., composés et arrangés par différents auteurs.

Chaque livraison.	5	»
Chaque numéro séparé.	2	»

LE CARPENTIER. Op. 22.

Première Livraison.
- N° 1. Le Magot, rondo chinois.
- N° 2. Le Viennois, rondo-valse.
- N° 3. Le Vénitien, rondo vénitien.

N. LOUIS. Op. 36.

Deuxième Livraison.
- N° 4. La Tarentelle, rondino napolitain.
- N° 5. Kamaïka, rondino piémontais.
- N° 6. La montagnarde, rondino tyrolien.

FRÉD. BURGMULLER. Op. 25.

Troisième Livraison.
- N° 7. Rondo sur une chansonnette de Mlle Puget.
- N° 8. Variations sur une chansonnette de F. Masini.
- N° 9. Rondo sur une chansonnette de Mlle Puget.

MUSIQUE INSTRUMENTALE.

Suite des airs variés et fantaisies Piano.

L. FARRENC.

Quatrième Livraison.	N° 10. Rondino pastoral. N° 11. Rondino savoyard. N° 12. Rondino valse.

J.-B. DUVERNOY. Op. 60.

Cinquième Livraison.	N° 13. Rondo sur un thème d'Hérold. N° 14. Mélodie suisse variée. N° 15. Rondo sur un air du roi René.

ÉMILE PRUDENT. Op. 6.

Sixième Livraison.	N° 16. Rondo sur une mélodie suisse. N° 17. Rondo sur une barcarolle de Chollet. N° 18. Rondo original.

J.-B. DUVERNOY. Op. 72.

Septième Livraison.	N° 19. Cavatine d'Anna Bolena, variée. N° 20. Rondo sur la ronde de Zampa. N° 21. Mélodie suisse variée.

A. CHOLLET. Op. 30.

Huitième Livraison.	N° 22. Rondo sur la Romanesca. N° 23. Chanson napolitaine variée. N° 24. Rondo sur le Pêcheur napolitain.

L. MESSEMAECKERS. Op. 14.

Neuvième Livraison.	N° 25. Rondoletto sur un thème du Pirate. N° 26. Air suisse varié. N° 27. Allemande favorite.

L. FARRENC.

Dixième Livraison.	N° 28. Variations sur les Adieux à la Suisse. N° 29. Variat. sur une chansonnette de Panseron. N° 30. Variat. sur une chansonnette de Panseron.

MUSIQUE INSTRUMENTALE.

Suite des airs variés et fantaisies Piano.

CH. CHAULIEU. Op. 163.

Onzième Livraison.
- N° 31. Rondoletto scherzando.
- N° 32. Rondino napolitain.
- N° 33. Rondo-valse.

AD. LE CARPENTIER. Op. 23.

Douzième Livraison.
- N° 34. La Danse des Bohémiens, rondo galop.
- N° 35. Air napolitain varié.
- N° 36. Bagatelle sur une chansonnette de Mlle Puget.

—

OUVERTURES

PIANO.

AVEC ACCOMPAGNEMENT DE VIOLON *ad libitum.*

Blaise et Babet.	3 »
Bohémiens (les).	4 50
Caravane (la).	3 »
Démophon.	3 »
Fils du Prince (le).	4 50
Iphigénie en Aulide.	3 »
Jeune Henri.	5 »
Lodoïska.	3 »
Luthier de Vienne (le).	5 »
Marguerite d'Anjou.	4 50
Marie.	4 50
Mariage de Figaro.	3 »
Mauvais œil (le).	5 »
Missolonghi.	4 50
Muletier (le).	4 50
Panurge.	3 »
Prisonnier (le).	3 »
Robin des bois.	3 75
Zampa.	5 »

MUSIQUE INSTRUMENTALE.

OUVERTURES

DE ROSSINI,

PIANO.

Arrangées par Chaulieu avec accompagnement de Violon ad libitum.

	fr. c.
Barbier de Séville.	4 50
Cenerentola.	4 50
Élisabeth.	4 50
Gazza ladra.	4 50
Italienne à Alger.	4 50
Othello.	4 50
Semiramis.	4 50
Tancrède ou Turc en Italie.	4 50

CONTREDANSES VALSES ET GALOPS

POUR LE PIANO.

DOS-SANTOS.	Les deux Sœurs, quadrille facile à 2 et à 4 mains Chaque.	4 50
Mlle HAUSMANN.	Quadrille très facile.	3 75
HENRI HERZ.	Op. 64. La Mode, contredanses variées, suivies d'une galopade.	7 50
—	*Les mêmes*, arrangées à 4 mains par madame Farrenc.	7 50
—	La galopade séparée à 4 mains.	4 50
FR. HÜNTEN.	Op. 73. La petite Soirée, 3 quadrilles, 2 valses et un galop; dédiés aux jeunes demoiselles à 2 et à 4 mains. N. 1, 2 et 3. . . . . Chaque.	4 50
—	Op. 75. Les petites folles, 3 quadrilles, 2 valses et un galop, à 2 et à 4 mains. N. 1, 2 et 3. . . Chaque.	4 50
JULLIEN.	Le Devin du village, sur des motifs de J. J. Rousseau. à 2 et à 4 mains, chaque.	4 50
—	Le Luthier de Vienne. . . . . . . à 2 et à 4 mains.	4 50
—	La Laitière sur des motifs de Mlle Puget.	4 50
—	Le Mauvais œil.	4 50
—	Mon rocher de Saint-Malo, sur des motifs de Mlle Puget. . . . . à 2 et à 4 mains, chaque.	4 50
—	Le Parisien, quadrille et valse; arrangé par H. Lemoine.	4 50

MUSIQUE INSTRUMENTALE.

Suite des contredanses et valses, Piano.

		fr. c.
JULLIEN.	Le Provincial, quadrille et galop, arrangé par H. Lemoine.	4 50
—	Le Sicilien, quadrille et farandolle, arrangé par H. Lemoine.	4 50
N. LOUIS.	Les Intimes, contredanses et valses à 2 et à 4 mains. Chaque.	4 50
—	*Les mêmes*, dialoguées pour piano et violon ou flûte, avec accompagnement de basse, *ad libitum*. . .	4 50
MUSARD.	Quadrille et valse sur le Fils du Prince à 2 et à 4 mains. Chaque.	4 50
—	Quadrille lyonnais, contredanses et galop à 2 et à 4 mains. . . . . Chaque.	4 50
—	Madrid, deuxième quadrille espagnol et valse à 2 et à 4 mains. . . . . Chaque.	4 50
—	Le Mauvais œil.	4 50
—	Le Turc, quadrille et galop à 2 et à 4 mains. Chaque.	4 50
—	Venise, quadrille et valse à 2 et à 4 mains. . Chaque.	4 50
MINÉ.	Quadrille sur Robin des bois.	3 75
J.-B. TOLBECQUE.	Astolphe et Joconde, deux quadrilles. . Chaque.	3 75
—	La Croix d'or, quadrille et galop à 2 et à 4 mains. Chaque.	4 50
—	Le Luthier de Vienne, à 2 et à 4 mains. . . . Chaque.	4 50
—	Quadrille sur Marie, à 2 et à 4 mains. . . . Chaque.	3 75
—	Le Mauvais œil, à 2 et à 4 mains. . . . . Chaque.	4 50
—	Son Nom! sur des motifs de Mlle Puget, à 2 et à 4 mains. . . . . Chaque.	4 50
—	Une Soirée au Vaudeville, à 2 et à 4 mains. . Chaque.	3 75
—	Deuxième Soirée du Vaudeville, quadrille suivi de la valse la Folle, à 2 et à 4 mains. . . . . Chaque.	4 50
—	Zampa, deux quadrilles. . . . . Chaque.	3 75
—	*Les mêmes*, à 4 mains. . . . . Chaque.	3 75
TEISSERENC.	Limoges, quadrille et valse.	4 50
—	Metz, quadrille et galop.	4 50
***	Galop de la Cour et la galopade hongroise.	2 »

MUSIQUE INSTRUMENTALE.

VALSES.

PIANO.

BEETHOVEN.	Six valses et une marche funèbre, nouvelle édition, ornée de son portrait.	5 »
L. CHOLLET.	L'odalisque, valse du Jardin-Turc, avec accompagnement de cornet à pistons, *ad libitum*.	3 »
—	La fête de nuit, valse des salons Laffite, avec flageolet, *ad libitum*.	3 »
—	Op. 31. La Rêverie. . . . . Piano seul.	1 50
FESSY.	Op. 21. Six valses brillantes.	5 »
JULLIEN.	Francesca, grande valse espagnole arrangée par Ch. Schunke.	1 50
OFFENBACH.	Les jeunes Filles, 3 valses avec accompagnement de violon, flûte, flageolet et cornet à pistons, *ad libitum*.	5 »
OSBORNE.	Op. 9. Quatre valses brillantes.	3 75
ROSSINI.	Valses extraites de ses opéras. N. 1 et 2 . . Chaque.	1 50
STRAUSS.	Trente-six valses favorites choisies dans sa collection et soigneusement doigtées par *Ch. Schunke* en quatre livraisons. . . . . Chaque.	1 50
—	Valse du duc de Reichstadt.	2 »
WEBER.	La dernière Pensée, valse.	2 »

MUSIQUE INSTRUMENTALE.

HARPE.

			fr. c.
BOCHSA.	Nocturne concertant.	pour harpe et flûte.	7 50
—	Grandes variations sur la dernière pensée de Weber,	pour harpe seule.	7 50
DESARGUS.	Op. 6. Duo sur des motifs favoris de Marie.	Pour harpe et piano.	7 50
—	Variations sur une cavatine de la *Cenerentola*, par Herz.	arrangées pour la harpe.	6 »
JACQMIN.	Rondeau sur la valse chantée dans la Demoiselle à marier.	pour harpe seule.	5 »
LABARRE.	Op. 26. Fantaisie sur la barcarolle de Marie.	Pour harpe seule.	7 50
—	Op. 27. Duo sur des motifs du *Crociato*.	Pour harpe et piano.	7 50
—	Op. 53. Duo sur des motifs de Zampa.	Pour harpe et piano.	7 50
—	Op. 54. Fantaisie et variations sur la ballade de Zampa.	Pour harpe seule.	6 »
PRUMIER.	Bagatelle brillante et facile sur des motifs d'Amédée de Beauplan.	Pour harpe seule.	5 »
—	Deux quadrilles sur Astolphe et Joconde et Marie.	Pour harpe seule.	5 »

MUSIQUE INSTRUMENTALE.

GUITARE.

DUOS.

GUITARE ET VIOLON.

		fr. c.
CARULLI.	Ouverture de Zampa.	5 »
—	Airs de Zampa. Deux suites, chaque.	6 »
DECALL.	Op. 55. Sérénade facile.	4 50
—	Op. 129. Sérénade.	4 50
KUFFNER.	Op. 86. Premier pot-pourri sur des motifs de *Tancredi*.	4 50
—	Op. 88. Deuxième. *Id.* *Id.*	4 50
—	Op. 103. Troisième. *Id.* *Id.*	4 50
—	Op. 104. Quatrième. *Id.* sur des motifs d'Otello.	4 50
—	Op. 107. Cinquième. *Id.* sur des motifs du Barbier de Séville.	4 50
MOLINO.	Op. 3. Trois duos.	4 50

DUOS.

GUITARE ET FLUTE.

		fr. c.
CARULLI.	Ouverture de Zampa.	5 »
—	Airs de Zampa. Deux suites, chaque.	6 »
DECALL.	Op. 65. Sérénade.	4 50
—	Op. 103. Sérénade facile.	4 50
—	Op. 128. Sérénade.	4 50
KUFFNER.	Op. 86. Premier pot-pourri sur des motifs de *Tancredi*.	4 50
—	Op. 88. Deuxième. *Id.* *Id.*	4 50
—	Op. 103. Troisième. *Id.* *Id.*	4 50
—	Op. 104. Quatrième. *Id.* sur des motifs d'Otello.	4 50
—	Op. 107. Cinquième. *Id.* sur des motifs du Barbier de Séville.	4 50
MOLINO.	Op. 3. Trois duos.	4 50

MUSIQUE INSTRUMENTALE.

DUOS.

GUITARE ET PIANO.

		fr.	c.
CARCASSI.	Op. 28. Deux airs de ballet, de Moïse. N. 1 et 2. Chaq.	5	»
—	Op. 42. Trois quadrilles suivis d'une valse et un galop. N. 1, 2 et 3.	4	50
—	Op. 43. Mélange sur les motifs favoris de Zampa. . .	7	50
GATAYES.	Op. 25. Premier duo suivi de l'air varié, *Plaisir d'amour*.	5	»
—	Op. 27. Deuxième duo.	5	»
—	Op. 31. Troisième duo.	5	»
—	Op. 47. Quatrième duo.	5	»
—	Op. 59. Cinquième duo.	5	»
—	Op. 61. Sixième duo.	5	»
KUFFNER.	Op. 42. Sonate suivie d'un thème varié.	6	»
—	Op. 46. Sérénade.	4	50
—	Op. 55. Sérénade.	4	50

DUOS.

DEUX GUITARES.

CARULLI.	Op. 285. Trois duos concertants.	7	50
DECALL.	Op. 24. Douze duos faciles.	3	75
LHOYER.	Op. 37. Six duos nocturnes.	6	»
RIGOT.	Op. 3. Six valses.	4	50

—

AIRS VARIÉS ET FANTAISIES.

GUITARE SEULE.

CARCASSI.	Op. 4. Six valses.	3	75
—	Op. 5. Le nouveau papillon, choix d'airs.	5	»
—	Op. 6. Duo de la *Capricciosa corretta*, varié.	3	»
—	Op. 7. Au clair de la lune, varié.	3	»
—	Op. 8. Etrennes aux amateurs, recueil de valses, contredanses, suivies de trois airs variés.	3	50

MUSIQUE INSTRUMENTALE.

Suite des airs variés et fantaisies Guitare seule.

		fr. c.
CARCASSI.	Op. 9. Trois airs italiens, variés.	4 50
—	Op. 10. Amusements. Choix de morceaux faciles. . .	4 50
—	Op. 11. Recueil de six petites pièces.	4 50
—	Op. 12. Trois thèmes variés.	6 »
—	Op. 14. Mélange de 22 morceaux faciles.	5 »
—	Op. 15. Tra la, la, air varié.	3 75
—	Op. 16. Huit divertissements avec la guitare accordée en *mi* majeur. . . . . Premier livre.	5 »
—	Op. 17. Le songe de Rousseau, varié.	3 »
—	Op. 18. Six airs variés.	7 50
—	Op. 19. Fantaisie sur des thèmes de Robin des bois. .	4 50
—	Op. 20. Air suisse varié.	4 50
—	Op. 21. Les récréations des commençans, petites pièces faciles.	6 »
—	Op. 22. Air écossais de la Dame blanche, varié. . . .	3 75
—	Op. 23. Douze valses.	3 75
—	Op. 24. Air des Mystères d'Isis, varié.	4 50
—	Op. 25. Huit divertissements avec la guitare accordée en *mi* majeur. . . . . deuxième livre.	5 »
—	Op. 26. Six caprices.	5 »
—	Op. 27. Thème allemand varié.	4 50
—	Op. 31. Variations brillantes sur un thème de *la Cenerentola*.	4 50
—	Op. 32. Variations brillantes sur un thème de la Famille suisse.	4 50
—	Op. 39. Douze galopes et six valses.	4 50
—	Op. 40. Fantaisie sur des motifs de Zampa.	4 50
—	Op. 41. Rondeau brillant sur le Clic-clac.	4 50
—	Op. 44. Trois airs suisses variés.	6 »
—	Op. 52. Valse du duc de Reichstadt, variée.	4 50
—	Op. 53. Deux quadrilles de contredanses, deux valses et deux galops.	5 »
—	Op. 55. Valse à l'espagnole.	4 50
—	Op. 56. Les Adieux à la Suisse de Bruguière, variés. .	4 50
CARULLI.	Op. 209. Trois divertissements à l'espagnole avec des sons harmoniques.	4 50
—	Op. 221. Recueil de pièces choisies.	4 50

MUSIQUE INSTRUMENTALE.

Suite des airs variés et fantaisies Guitare seule.

		fr. c.
CARULLI.	Op. 224. Douze pièces brillantes et faciles.	4 50
—	Op. 282. Amusements progressifs.	4 50
—	Op. 284. Six rondeaux brillants et faciles.	4 50
—	Op. 349. Douze galops.	6 »
KUFFNER.	Op. 80. Vingt-cinq morceaux très faciles.	3 75
MEISSONNIER.	Op. 5. Vingt-quatre valses faciles.	4 50
—	Op. 9. Petites pièces élémentaires.	4 50
MOLINO.	Op. 27. Recueil de petites pièces.	4 50
—	Op. 28. Trois rondeaux.	4 50
RIGOT.	Op. 8. Vingt-quatre divertissements.	4 50
J. VIMEUX.	Souvenir du dilettante, choix d'airs favoris.	6 »
—	Cantilènes favorites.	4 50
***	Valse du duc de Reichstadt.	1 »

AIRS VARIÉS EN FEUILLES.

GUITARE SEULE.

MEISSONNIER.	Clair de lune (le).	1 50
—	Départ du grenadier (le).	1 50
—	*Dell' amor Marinaro.*	1 50
—	*Di tanti palpiti.*	1 50
—	Écoute, écoute, tyrolienne.	1 50
—	Folies d'Espagne (les).	1 50
—	*Nel cor più non mi sento.*	1 50
—	*O Pescator dell' onda.*	1 50
—	*Sul Margine.*	1 50
—	Tra la, la.	1 50
—	Tyrolienne (la).	1 50
MAURI.	Thème varié.	1 50

OUVERTURES.

CARCASSI.	Op. 30. La Sémiramide.	5 »
CARULLI.	Zampa, arrangée pour guitare et violon ou flûte.	4 50
MEISSONNIER.	Douze ouvertures de Rossini en quatre livres.	
	N° 1. L'Italienne, Édouard et Christine, Otello.	5 »
	N° 2. Le Turc en Italie ou Tancrède, Richard et Zoraïde, la Cenerentola.	5 »

MUSIQUE INSTRUMENTALE.

Suite des Ouvertures Guitare.

		fr. c.
MEISSONNIER.	N° 3. La *Gazza ladra*, *Zelmira*, l'*Inganno felice*. .	5 »
	N° 4. Le Barbier de Séville, Sémiramis, Démétrius.	5 »
—	La Caravane.	2 »

CONTREDANSES ET VALSES.

CARCASSI.	Op. 4. Six valses.	3 75
—	Op. 8. Contredanses et valses.	3 50
—	Op. 23. Douze valses.	3 75
—	Op. 39. Douze galopes et six valses.	4 50
—	Op. 53. Deux quadrilles de contredanses, deux valses et deux galops.	5 »
—	Op. 55. Valse à l'espagnole.	4 50
F. CARULLI.	Op. 349. Douze galops.	6 »
MEISSONNIER.	Op. 5. Vingt-quatre valses faciles.	4 50
—	Op. 7. Trois quadrilles et deux valses sur des motifs de Rossini.	4 50
—	Op. 8. Deux quadrilles et une valse sur des motifs de Robin des bois.	3 75
—	Huitième recueil de A. Marque, arrangé pour violon et guitare.	3 75
—	Valse de Robin des bois.	» 75
RIGOT.	Op. 3. Douze valses brillantes pour deux guitares. .	3 75
***	Valse du duc de Reichstadt.	1 »

MUSIQUE VOCALE.

AIRS D'OPÉRAS FRANÇAIS,

Les morceaux marqués d'une * sont gravés avec acc. d'orchestre.

LE FILS DU PRINCE.

		Piano. f. c.	Guit. f. c.
N° 1. *Duo*.	Ni les grandeurs, ni les richesses. . . .	5 »	3 »
2. *Air*.	Dans ses penchants inconstant et volage.	3 75	1 50
3. *Couplets*. . . .	Pour braver l'orage qui gronde.	2 50	1 »
4. *Chœur de chasseurs*.	Chasseurs qui d'un pas rapide. . .	3 »	» »
5. *Couplets*. . . .	D'un bal vif et brillant.	2 50	1 50
6. *Air*.	Laissez-moi, je vous en conjure. . . .	4 50	2 25
7. *Chœur et cavatine*.	Après trois mois d'absence.	3 75	» »
7 bis. *Cavatine*. .	Merci, mes bons amis.	2 50	1 50
8. *Romance*. . . .	Palais pompeux, riches demeures. . .	2 »	1 »
9. *Trio*.	Venez, rassurez-vous, Madame.	6 »	» »

LE LUTHIER DE VIENNE.

		Piano.	Guit.
N° 1. *Chanson*. . . .	Les fils de l'Université.	2 »	1 »
2. *Cavatine*. . . .	Doux moment douce ivresse.	4 50	2 25
3. *Cantique de Sainte Cécile*.	Sainte Cécile à son orgue du ciel.	3 »	1 50
4. *Duo*.	Cette chère Angéla.	5 »	3 »
*5. *Fabliau*. . . .	Ramenons mon troupeau.	4 50	2 25
6. *Duo*.	Ainsi la voix de ton vieux père.	5 »	3 »
7. *Couplets*. . . .	Pour un amant ma chère enfant.	2 »	1 »

MARGUERITE D'ANJOU.

		Piano.	Guit.
N° 1. *Duo*.	Ah! ce zèle.	4 50	»
2. *Duo*.	Ah! je respire auprès de ce que j'aime. .	6 »	»
3. *Air*.	Ah! ce précieux gage	3 75	»
4. *Duo*.	Ah! de grâce, pourquoi cette douleur? .	4 50	»

MUSIQUE VOCALE.

Suite de Marguerite d'Anjou.		Piano. fr. c.	Guit. fr. c.
5. *Prière à 4 voix.*	Céleste puissance	4 50	»
6. *Chœur*	Par le carnage	2 »	»
7. *Air*	La fortune l'abandonne	3 75	»
8. *Couplets*	La paix toujours fit mon bonheur	2 »	»
9. *Trio*	Ah! quelle nuit obscure	7 50	»
10 et 11. *Entr'acte et chœur.*	Déjà l'ombre s'évapore	6 »	»
12. *Air*	Il faut que j'accomplisse	4 50	2 25
13. *Trio de basses.*	Agissons avec prudence	5 »	»

MARIE.

		Piano.	Guit.
N° 1. *Cavatine*	Une robe légère	2 50	1 50
2. *Barcarolle*	Batelier, dit Lisette	2 25	1 50
3. *Romance*	Je pars demain	1 50	» 75
4. *Air*	Comme en notre jeune âge	3 75	1 50
5. *Duo*	Voyons, je meurs d'impatience	4 50	2 25
6. *Duo*	Rassurez-vous, mon sang se glace	3 75	1 50
7. *Récit et air*	Je suis donc parvenue	3 75	1 50
8. *Couplets*	Sur la rivière	1 50	» 75
9. *Air*	Je tiens le mystère	3 »	1 50

LE MAUVAIS OEIL.

		Piano.	Guit.
N° 1. *Ballade avec chœur à 3 voix.*	Il est un démon noir le soir.	3 »	»
1 *bis*	La même, sans chœur	2 »	1 »
2. *Cavatine*	Qui me dira pourquoi mon cœur soupire.	2 »	1 »
3. *Air pour tenor.*	Grâce à mes prières	4 50	2 25
3 *bis*	Le même, pour voix de basse	4 50	»
4. *Trio*	Quoi! l'on nous laisse ensemble	7 50	»
* 4 bis. *Duo* extrait du Trio.	Quoi l'on nous laisse ensemble	7 50	»
4 ter. *Romance* extraite du Trio.	Lorsque le vent caresse	2 »	1 »
5. *Ronde*	J'étais triste et rêveuse	2 50	1 »
* 6. *Air*	Le Ciel me l'ordonne	5 »	3 »
6 bis. *Chanson* de la Batelière.	Mina la belle batelière	2 50	1 50
* 7. *Duo*	Je suis pauvre soldat	4 50	2 25

MUSIQUE VOCALE.

Suite des airs d'opéras.

MULETIER (LE).

			Piano. fr. c.	Guit. fr. c.
N° 1.	*Duo.*	Je ne m'abuse pas.	4 50	» 75
2.	*Bolero.*	Sur les pas de jeune fillette.	3 75	2 25
4.	*Couplets.*	Une fois en ménage.	4 50	» 75
5.	*Couplets.*	De l'hymen dans ma jeunesse.	4 50	» 75
6.	*Duo.*	Sommeil, par ta douce puissance.	4 50	»
7.	*Cavatine.*	Un rendez-vous loin des jaloux.	6 »	2 25

ZAMPA.

			Piano.	Guit.
N° 1.	*Cavatine.*	A ce bonheur suprême.	3 75	1 50
2.	*Couplets.*	Mes bons amis.	2 »	1 »
3.	*Ballade.*	D'une haute naissance.	2 50	1 50
* 4.	*Quatuor.*	La voilà ; que mon âme est émue.	7 50	»
5.	*Couplets.*	Que la vague écumante.	2 »	1 »
6.	*Couplets.*	Au plaisir, à la folie.	2 »	1 »
7.	*Prière à 3 voix.*	Aux pieds de la madone.	2 50	1 50
* 8.	*Air.*	Toi dont la grâce séduisante.	4 50	2 25
* 9.	*Duo.*	Juste ciel ! ah ! grand Dieu !	5 »	3 »
*10.	*Duo.*	Pourquoi vous troubler à ma vue ?	5 »	3 75
11.	*Barcarolle.*	Douce jouvencelle, viens sur ta nacelle.	2 »	1 »
12.	*Barcarolle à 2 voix.*	Où vas-tu, pauvre gondolier ?	2 50	1 50
13.	*Cavatine.*	Pourquoi trembler ?	2 50	1 50
*14.	*Duo.*	D'où vient cette frayeur subite ?	4 50	2 50

AIRS DÉTACHÉS

DE DIVERS OPÉRAS.

DAME DU LAC (LA).

		Piano.	Guit.
Cavatine.	Quelle douce espérance.	2 50	1 »

OTHELLO.

		Piano.	Guit.
Romance.	Au printemps de son âge.	2 50	1 »

PIE VOLEUSE.

		Piano.	Guit.
Cavatine.	Jour d'espoir et de bonheur.	3 »	1 50

MUSIQUE VOCALE.

Suite des airs détachés de divers opéras.

PRISE DE JÉRICHO.

		Piano. fr. c.	Guit. fr. c.
Air	D'une fausse pitié.	2 60	1 50

TANCRÈDE.

		Piano.	Guit.
Cavatine et Scène. .	O Patrie! ingrate Patrie.	3 »	1 50

AIRS DÉTACHÉS

D'OPÉRAS ITALIENS.

IL BARBIERE DI SIVIGLIA.

		Piano.	Guit.
Cavatina.	Ecco ridente il cielo.	3 »	»
Cavatina.	Una voce poco fa.	3 75	»

DON GIOVANI.

		Piano.	Guit.
Duo.	Giovenette che fate.	2 25	»
Duo.	La Cidarem la mano.	2 25	»

DONNA DEL LAGO.

		Piano.	Guit.
Cavatina e Duetto.	Oh matutini albori.	3 75	»

GAZZA LADRA.

		Piano.	Guit.
Cavatina.	Di piacer mi balza il cor.	3 »	1 50

OTELLO.

		Piano.	Guit.
Romanza.	Assisa al piè d'un salice.	3 »	1 50

TANCREDI

		Piano.	Guit.
Scena e Cavatina. .	O patria dolce ed ingrata patria.	3 »	1 50

MUSIQUE VOCALE.

MUSIQUE

A TROIS ET A QUATRE VOIX.

GUSTAVE CARULLI. Mélodies pour trois voix égales avec accompagnement de piano.

	fr.	c.
Nº 1. Les Suisses.	3	»
2. La Semaine sainte.	3	»
3. Les adieux à la mer.	3	»
4. Chant des mères moscovites.	3	»
5. Des abîmes profonds.	3	75
6. Ischia.	3	75
7. O notre père.	2	50
8. Les Sylphes.	5	»
— Les huit réunies.	18	»

Nota. Ces mélodies, de différents caractères et à l'usage des pensions de demoiselles, peuvent être chantées par deux tenors et basse, ou soprano, tenor et basse.

— Six Sérénades et Aubades à quatre voix, pour deux tenors et deux basses, avec accompagnement de piano *ad libitum*.

	fr.	c.
Nº 1. L'heure du soir.	3	»
2. Le Départ pour la chasse.	4	50
3. Le Réveil.	3	»
4. La Tarentelle.	4	50
5. Les Exilés.	3	»
6. Charivari.	3	»
— Les six réunies.	15	»

L. CLAPISSON. Six Mélodies nocturnes à quatre voix, avec accompagnement de piano. — Exécutées à l'Académie royale de musique.

	fr.	c.
Nº 1. Les Sbires.	4	50
2. La Sérénade.	4	50
3. Les Maraudeurs.	4	50
4. La Nacelle.	4	50
5. Le Nant noir.	4	50
6. Le Mai.	4	50
— Les six réunies.	18	»
H. MONPOU. Cris de Paris (les) scène burlesque à quatre voix.	5	»

MUSIQUE VOCALE.

NOCTURNES A DEUX VOIX.

			Piano. fr.	c.	Guit. fr.	c.
ADAM.	Et moi je veille.		2	»	1	»
BEAUPLAN.	La confidence.	Romance à 2 voix.	2	»	1	»
BERAT.	La Bienfaisance.		2	»	1	»
BRUGUIÈRE.	Adieux à la Suisse.		2	»	1	»
—	Chapelle (la) de Guillaume Tell.		2	»	1	»
—	Faux ermite (le).		2	»	1	»
—	Hymne à Marie.	Chant religieux à 3 voix.	2	»	1	»
—	Jeune Bergère espère.		2	»	1	»
—	Je veux revoir ma patrie.		2	»	1	»
—	Le Napolitain.		2	»	1	»
—	Rose sauvage (la).		2	»	1	»
—	Souvenirs de la Suisse.		2	»	1	»
—	Vacances (les).	Chansonnette à 1, 2 ou 3 voix.	2	»	1	»
L. CLAPISSON.	Nacelle (la).		2	»	1	»
—	Une rêveuse.		2	»	1	»
—	Vedettes (les).		2	»	1	»
DUCHAMBGE (Mme).	Chanteurs Italiens (les).		2	»	1	»
—	Étudiants de Leipsick (les).		2	»	1	»
LAGOANÈRE.	Advienne que pourra.		2	»	1	»
—	Brigantine (la).		2	»	1	»
—	Chapelle des champs (la).		2	»	1	»
—	Craignez qu'il ne s'achève.		2	»	1	»
—	Enfants errants (les).		2	»	1	»
—	Pauvre voyageur (le).		2	»	1	»
—	Voguons toujours.		2	»	1	»
N. LOUIS.	Isolement (l').		2	»	»	
—	OEillet (l').		2	»	»	
—	Reviendras-tu.		2	»	»	
—	Trop tard.		2	»	»	
F. MASINI.	Fiancées de Pâtres (les).		2	»	1	»
—	Lac de Genève (le).		2	»	1	»
—	Près d'une amie.		2	»	1	»
—	Que la mer est belle!		2	»	1	»
—	Rive qu'on aime (la).		2	»	1	»
PANSERON.	Allons danser sur la colline.		2	»	1	»

MUSIQUE VOCALE.

Suite des nocturnes à 2 voix.

			Piano. fr. c.	Guit. fr. c.
PANSERON.	Ciel est pur (le).		2 »	1 »
—	En vain l'orage grondera.		2 »	1 »
—	J'étais heureux.		2 »	1 »
—	Notre-Dame de bon secours.		2 »	1 »
—	Printemps et l'amour (le).		2 »	1 »
—	Restons ici.		2 »	1 »
—	Valse légère (la).		2 »	1 »
—	Tous deux.		2 »	1 »
L. PUGET (Melle).	M. et Mme Prudhomme.		3 75	»
ROUSSEL.	Il est minuit.		1 50	» 75
***	Écoute, écoute.	Tyrolienne.	1 50	» 75
***	Montagnard émigré (le).		1 50	» 75

ROMANCES.

			Piano.	Guit.
BEAUPLAN.	Adieu, vous que j'ai tant chérie.	Romance.	2 »	1 »
—	Ah! qu'il fait bon sur l'eau.	Barcarolle.	2 »	1 »
—	Ange et l'enfant (l').	Romance.	2 »	1 »
—	Bohémiens (les).	Chansonnette.	2 »	1 »
—	Bon pèlerin (le).	Romance.	2 »	1 »
—	Bonheur de se revoir (le).	Tyrolienne.	2 »	1 »
—	Concert sur l'eau (le).	Barcarolle.	2 »	1 »
—	Dame au voile noir (la).	Ballade.	2 »	1 »
—	Danse défendue (la).	Chansonnette.	2 »	1 »
—	Demoiselle au bal (la).	Chansonnette.	2 »	1 »
—	Enfant gâtée (l').	Chansonnette.	2 »	1 »
—	Gondolier (le).	Ballade.	2 »	1 »
—	Histoire effrayante (l').	Fabliau.	2 »	1 »
—	Je la verrai.	Romance.	2 »	1 »
—	Leçon tyrolienne (la).	Chansonnette.	2 »	1 »
—	Non, je ne valse pas.	Chansonnette.	2 »	1 »
—	Pays le plus beau (le).	Barcarolle.	2 »	1 »
—	Prenez garde au jaloux.	Chansonnette.	2 »	1 »
—	Qu'on est heureux quand on cesse d'être amoureux.	Bolero.	2 »	1 »
—	Qui m'expliquera ce prodige là ?.	Romance.	2 »	1 »
—	Qui va là ?.	Chansonnette.	2 »	1 »

MUSIQUE VOCALE.

Suite des romances.			Piano. fr.	c.	Guit. fr.	c.
BEAUPLAN.	Retour au chalet (le).	Tyrolienne.	2	»	1	»
—	Retour du Montagnard (le). . . .	Tyrolienne.	2	»	1	»
—	Ronde montagnarde.	Chansonnette.	2	»	1	»
—	Souvenirs du pays.	Tyrolienne.	2	»	1	»
—	Si ma maîtresse allait mourir. . . .	Romance.	2	»	1	»
—	Toi que j'aimais tant.	Romance.	2	»	1	»
—	Voix de ce qu'on aime (la).	Romance.	2	»	1	»
BÉRAT.	Souvenirs d'enfance (les).	Romance.	2	»	1	»
—	Voilà comme je pense.	Chansonnette.	2	»	1	»
BRUGUIÈRE.	Adieux à la Suisse.	Tyrolienne.	2	»	1	»
—	Adieux du gondolier (les).	Barcarolle.	2	»	1	»
—	Adieux d'Isaure.	Romance.	2	»	1	»
—	Bergère des Pyrénées (la). . .	Imitation basque.	2	»	1	»
—	Bonne maman (la).	Chansonnette.	2	»	1	»
—	Éveille-toi, petit.	Chansonnette.	2	»	1	»
—	Fête au hameau (la).	Chansonnette.	2	»	1	»
—	Fille de l'exilé (la).	Romance.	2	»	1	»
—	Ingénue (l').	Romance.	2	»	1	»
—	Jeune Napolitaine (la).	Romance.	2	»	1	»
—	Les Litanies des Contadines (les). .	Chansonnette.	2	»	1	»
—	Mal du pays (le).	Romance.	2	»	1	»
—	Ma mère, il serait trop à plaindre. . .	Romance.	2	»	1	»
—	Mon cœur est au pays.	Romance.	2	»	1	»
—	Non, vraiment, je n'écoute rien. .	Chansonnette.	2	»	1	»
—	Notre-Dame des Douleurs.	Romance.	2	»	1	»
—	Notre-Dame de la Garde.	Barcarolle.	2	»	1	»
—	Oiseau en cage (l').	Chansonnette.	2	»	1	»
—	Oui, c'est Pèdro que je préfère. . . .	Bolero.	2	»	1	»
—	Petite Bohémienne (la).	Chansonnette.	2	»	1	»
—	Petits Orphelins (les).	Chansonnette.	2	»	1	»
—	Première leçon de danse (la). . .	Chansonnette.	2	»	1	»
—	Quarantaine (la).	Barcarolle.	2	»	1	»
—	Rendez-moi mon léger bateau. . . .	Barcarolle.	2	»	1	»
—	Reproches (les).	Barcarolle.	2	»	1	»
—	Retour des pêcheurs (le).	Barcarolle.	2	»	1	»
—	Retour du vieux soldat (le).	Romance.	2	»	1	»
—	Retour en Provence (le).	Chansonnette.	2	»	1	»
—	Réveil de la châtelaine (le).	Romance.	2	»	1	»

MUSIQUE VOCALE.

Suite des Romances.		Piano. fr.	c.	Guit. fr.	c.
BRUGUIÈRE. Souvenirs de la Suisse.	Ranz.	2	»	1	»
— Talisman (le).	Chansonnette.	2	»	1	»
— Voyez donc ce que c'est.	Chansonnette.	2	»	1	»
L. CLAPISSON. Départ des Brigands (le).	Romance.	2	»	1	»
— Jeune fille de Lorette (la). . . .	Chansonnette.	2	»	1	»
— Postillon de mam'Ablou (le). .	Scène burlesque.	2	»	2	»
Mme DUCHAMBGE. Adieu.	Romance.	2	»	1	»
— Adieu Magdeleine.	Romance.	2	»	1	»
— Aimez.	Romance.	2	»	1	»
— Air du pays (l').	Barcarolle.	2	»	1	»
— * A mon ange gardien.	Romance.	2	»	1	»
— Automne et printemps.	Romance.	2	»	1	»
— Baissez-vous, montagnes. . . .	Chansonnette.	2	»	1	»
— Bouquet de bal (le).	Valse.	2	»	1	»
— Brigantine (la).	Romance.	2	»	1	»
— Cancione amorosa.	Chansonnette.	2	»	1	»
— Celle qui voudrait m'aimer.	Romance.	2	»	1	»
— Chantons nos belles.	Barcarolle.	2	»	1	»
— Cloches du couvent (les).	Romance.	2	»	1	»
— Daniel le sonneur.	Chansonnette.	2	»	1	»
— Dormez.	Romance.	2	»	1	»
— Elle n'est qu'une enfant.	Romance.	2	»	1	»
— Fiancée du chasseur (la).	Romance.	2	»	1	»
— Francine.	Ballade.	2	»	1	»
— Goëlands (les).	Chansonnette.	2	»	1	»
— Hirondelle (l').	Chansonnette.	2	»	1	»
— Il m'aimait tant!.	Romance.	2	»	1	»
— Il m'attend.	Romance.	2	»	1	»
— Il m'attend pour valser.	Valse.	2	»	1	»
— Inconnue (l').	Romance.	2	»	1	»
— Jalousie du More (la).	Romance.	2	»	1	»
— Jeune fille et jeune fleur.	Romance.	2	»	1	»
— Maison de Marie (la).	Chansonnette.	2	»	1	»
— M'a-t-elle été fidèle.	Romance.	2	»	1	»
— Mancenillier (le).	Romance.	2	»	1	»
— Marguerite (la).	Romance.	2	»	1	»
— Matelot (le).	Romance.	2	»	1	»
— Monastère (le).	Romance.	2	»	1	»

MUSIQUE VOCALE.

Suite des Romances.			Piano. fr.	c.	Guit. fr.	c.
Mme DUCHAMBGE.	Mon pays.	Romance.	2	»	1	»
—	Muletier (le).	Boléro.	2	»	1	»
—	Nina la Belle.	Barcarolle.	2	»	1	»
—	Notre-Dame de Tudèle.	Romance.	2	»	1	»
—	Notre madone.	Prière.	2	»	1	»
—	Oreiller d'une petite fille (l').	Romance.	2	»	1	»
—	Paysanne et le soldat (la).	Romance.	2	»	1	»
—	Partez.	Romance.	2	»	1	»
—	Penses-tu que ce soit t'aimer. . . .	Romance.	2	»	1	»
—	Pietro le gondolier.	Barcarolle.	2	»	1	»
—	Portique de l'abbaye (le).	Romance.	2	»	1	»
—	Présages (les).	Ballade.	2	»	1	»
—	Priez pour moi, priez pour lui. . . .	Romance.	2	»	1	»
—	Prions.	Romance.	2	»	1	»
—	Promise du Poitou (la).	Chansonnette.	2	»	1	»
—	Que m'importe leur hommage. . . .	Romance.	2	»	1	»
—	Restez pauvre fille.	Ballade.	2	»	1	»
—	Retour des Fiancés (le).	Cantatille.	2	»	1	»
—	Rêve du mousse (le).	Barcarolle.	2	»	1	»
—	Rien n'est changé dans ma patrie. .	Romance.	2	»	1	»
—	Si vous m'aimez.	Romance.	2	»	1	»
—	Si tu m'aimes, trompe-moi.	Romance.	2	»	1	»
—	Sois confiante.	Romance.	2	»	1	»
—	Soldat suisse (le).	Romance.	2	»	1	»
—	Sultane (la).	Romance.	2	»	1	»
—	Sur la montagne.	Romance.	2	»	1	»
—	Valse et l'aumône (la).	Valse.	2	»	1	»
—	Voyageuse (la).	Romance.	2	»	1	»
FAVIER	Je vais le voir.	Romance.	2	»	1	»
ALPH. DE FELTRE.	Est-ce là de l'amour.	Romance.	2	»	1	»
—	L'enfant qui dort.	Romance.	2	»	1	»
—	Regrets du pays (les).	Tyrolienne.	2	»	1	»
FOURNIER.	L'ombre du soir.	Romance.	2	»	1	»
—	Rends-moi le bonheur.	Romance.	2	»	1	»
GATAYES.	Amis de Paris (les).	Chanson.	1	50	»	
—	Lanterne magique (la).		»		5	»

MUSIQUE VOCALE.

	Suite des Romances.		Piano. fr.	c.	Guit. fr.	c.
GRISAR.	Folle (la)	Romance.	2	»	1	»
LAFONT.	C'est une larme	Romance.	1	50	»	75
LAGOANÈRE.	Bonheur ne s'arrête pas (le)	Barcarolle.	2	»	1	»
LECOMTE (Mlle).	Prière du page (la)	Romance.	2	»	1	»
LHUILLIER.	Petite couturière (la)	Chansonnette.	2	»	1	»
LORENZO.	Brise du matin (la)	Barcarolle.	2	»	1	»
LOUIS.	Proscrit (le)	Romance.	2	»	1	»
F. MASINI.	Bonheur à toi	Romance.	2	»	1	»
—	Calme (le)	Mélodie.	2	»	1	»
—	Ce n'est plus moi	Chansonnette.	2	»	1	»
—	Crois-moi	Romance.	2	»	1	»
—	Départ du marinier (le)	Romance.	2	»	1	»
—	Danse Sicilienne (la)	Tarentelle.	2	»	1	»
—	Faites-moi mourir	Prière.	2	»	1	»
—	Fiancée du Pêcheur (la)	Romance.	2	»	1	»
—	J'ai tant pleuré	Prière.	2	»	1	»
—	Jeunes andaloux (les)	Boléro.	2	»	1	»
—	Jeunes filles (les)	Chansonnette.	2	»	1	»
—	Laurette	Chansonnette.	2	»	1	»
—	Ma Bretagne	Romance.	2	»	1	»
—	M'amour	Villanelle.	2	»	1	»
—	Pauvre étoile fidèle	Rêverie.	2	»	1	»
—	Philomèna	Prière.	2	»	1	»
—	Que me font les beaux jours	Romance.	2	»	1	»
—	Rives de la mer	Romance.	2	»	1	»
—	Sur mon rocher	Chansonnette.	2	»	1	»
—	Stella	Chansonnette.	2	»	1	»
—	Un mot de toi	Romance.	2	»	1	»
—	Valse, valse petite	Valse.	2	»	1	»
—	Viens	Barcarolle.	2	»	1	»
—	Vieux pêcheur (le)	Chansonnette.	2	»	1	»
—	Voix d'ange (la)	Romance.	2	»	1	»
J. J. MASSET.	Sœur des anges (la)	Rêverie.	2	»	1	»
—	Zélie	Romance.	2	»	1	»
MAGNER.	Poverina	Boléro.	2	»	1	»
MENESSIER (Mme)	Veille de Noël (la)	Romance.	2	»	1	»

MUSIQUE VOCALE.

Suite des romances.			Piano. fr.	c.	Guit. fr.	c.
H. MONPOU.	Colombes de saint Marc (les). . . .	Romance.	2	»	1	»
—	Deux Archers (les).	Ballade.	2	»	1	»
—	Deux chansons. Chanson du fou ; chanson de la nourrice.		2	»	1	»
—	Enfant, dis-moi la romance.	Romance.	2	»	1	»
—	Juive (la).	Ballade.	2	»	1	»
—	Noir (le).	Chansonnette.	2	»	1	»
—	Simple amour.	Rêverie.	2	»	1	»
—	Vœu sur mer (le).	Barcarolle.	2	»	1	»
—	Une sérénade.	Bolero.	2	»	1	»
MUNCHS.	Pâtre de la montagne (le).	Romance.	2	»	1	»
NEYTZ.	Margarita.	Chansonnette.	2	»	1	»
PAER.	Château de Pau.	Romance.	2	»	1	»
PANSERON.	Adieu, sois-moi fidèle.	Barcarolle.	2	»	1	»
—	Allons danser sur la colline. . .	Chansonnette.	2	»	1	»
—	Anneau de Claire (l').	Romance.	2	»	1	»
—	Antonia	Chansonnette.	2	»	1	»
—	Avant que je t'oublie.	Romance.	2	»	1	»
—	Bon fils (le).	Romance.	2	»	1	»
—	Chevrier de la montagne (le). . . .	Tyrolienne.	2	»	1	»
—	Ciel est pur (le).	Barcarolle.	2	»	1	»
—	Ce beau jour nous réunira.	Barcarolle.	2	»	1	»
—	Chante Héloïse.	Romance.	2	»	1	»
—	Cor m'appelle (le).	Romance.	2	»	1	»
—	Danse au village (la).	Chansonnette.	2	»	1	»
—	Dans une heure je vais danser. .	Chansonnette.	2	»	1	»
—	Doux air de Venise (le).	Barcarolle.	2	»	1	»
—	Enfants de dix ans (les).	Chansonnette.	2	»	1	»
—	Entre nous, jamais d'amour. . . .	Romance.	2	»	1	»
—	Emmène-moi.	Romance.	2	»	1	»
—	En vain l'orage grondera.	Romance.	2	»	1	»
—	Fête de la madone (la).	Barcarolle.	2	»	1	»
—	Femme du contrebandier (la).	Bolero.	2	»	1	»
—	Fille des montagnes (la).	Chansonnette.	2	»	1	»
—	Grand fantôme blanc (le). . . .	Chansonnette.	2	»	1	»
—	Helmina.	Romance.	2	»	1	»
—	J'entends au loin sa chansonnette. .	Romance.	2	»	1	»

MUSIQUE VOCALE.

Suite des Romances.

			Piano.		Guit.	
			fr.	c.	fr.	c.
PANSERON.	J'étais heureux.	Nocturne.	2	»	1	»
—	Je te hais et t'adore.	Romance.	2	»	1	»
—	Jeune Vénitienne (la)	Barcarolle.	2	»	1	»
—	Je vous serai fidèle, ô mes jeunes amours	Nocturne.	2	»	1	»
—	Maman me permet de danser. . .	Chansonnette.	2	»	1	»
—	Montagnard écossais (le).	Romance.	2	»	1	»
—	Pâtre à la ville (le).	Romance pastorale.	2	»	1	»
—	Petit savoyard (le).	Chansonnette.	2	»	1	»
—	Philomèle.	Romance.	2	»	1	»
—	Retour au Tyrol (le).	Tyrolienne.	2	»	1	»
—	Sérénade andalouse	Bolero.	2	»	1	»
—	Ses adieux.	Romance.	2	»	1	»
—	Suivons le cours de l'eau.	Barcarolle.	2	»	1	»
—	Tu me regretteras.	Romance.	2	»	1	»
—	Tyrol qui m'as vu naître.	Tyrolienne.	2	»	1	»
—	Valsons encore.	Chansonnette.	2	»	1	»
—	Venez dans ma gondole.	Barcarolle.	2	»	1	»
—	Vœu à la Vierge (le).	Romance.	2	»	1	»
—	Volez au pays.	Chansonnette.	2	»	1	»
A. PILATI.	Croix d'or (la).	Couplets.	2	»	1	»
POISSON.	Femme peut-elle aimer toujours. .	Tyrolienne.	2	»	1	»
—	Fille du pêcheur (la).	Romance.	2	»	1	»
—	Petit à petit l'oiseau fait son nid. .	Chansonnette.	2	»	1	»
L. PUGET (Mlle)	Ave Maria.	Prière.	2	»	1	»
—	Boîte aux agnus (la).	Chansonnette.	2	»	1	»
—	Clocher (le) de mon village. . . .	Chansonnette.	2	»	1	»
—	Coquette (la) de 60 ans.	Chansonnette.	2	»	1	»
—	Deux âmes (les).		2	»	1	»
—	Dis-moi je t'aime.	Romance.	2	»	1	»
—	Femme à caractère (la).	Chansonnette.	2	»	1	»
—	Hommes ne comprennent rien (les)	Chansonnette.	2	»	1	»
—	Je t'aime parce que je t'aime. . . .	Romance.	2	»	1	»
—	Je te prends sans dot.	Chansonnette.	2	»	1	»
—	Je veux vous plaire.	Romance.	2	»	1	»
—	Juif errant (le).	Ballade.	2	»	1	»
—	Laitière (la).	Chansonnette.	2	»	1	»

MUSIQUE VOCALE.

Suite des Romances.			Piano.		Guit.	
			fr.	c.	fr.	c.
L. PUGET (Mlle).	Le plus beau de Séville.	Boléro.	2	»	1	»
—	Lutin (le).	Chansonnette.	2	»	1	»
—	Ma chevrette.	Romance.	2	»	1	»
—	Ma colombe.	Romance.	2	»	1	»
—	Ma pauvre grand'mère.	Romance.	2	»	1	»
—	Ma tante Opportune.	Chansonnette.	2	»	1	»
—	Mater dolorosa.	Romance.	2	»	1	»
—	Mes rêves de jeune fille.	Chansonnette.	2	»	1	»
—	Mire dans mes yeux tes yeux.	Chansonnette.	2	»	1	»
—	Mon rocher de Saint-Malo.	Chansonnette.	2	»	1	»
—	Ne quittez jamais votre mère.	Romance.	2	»	1	»
—	Notre-Dame de la mer.	Prière.	2	»	1	»
—	Perrette.	Chansonnette.	2	»	1	»
—	Roi de la mer (le).	Romance.	2	»	1	»
—	Roi (le) et la reine.	Chansonnette.	2	»	1	»
—	Si j'étais la brise du soir.		2	»	1	»
—	Son nom !	Romance.	2	»	1	»
—	Ta voix.	Chansonnette.	2	»	1	»
—	Tour de France (le)	Chansonnette.	2	»	1	»
—	Tout pour toi.	Romance.	2	»	1	»
RICHELMI.	Jeune exilé (le).	Romance.	2	»	1	»
ROMAGNÉSI.	Amante aveugle (l').	Romance.	1	50	»	75
—	N'écoutez pas.	Chansonnette.	1	50	»	75
—	Si je l'aimais.	Romance.	1	50	»	75
—	Soldat laboureur (le).	Romance.	1	50	»	75
Mme ÉLISE RONDONNEAU.	Adieu Savoie.	Romance.	2	»	1	»
—	Mort du Pâtre (la).	Romance.	2	»	1	»
TARIOT.	Petit ramoneur (le).	Chansonnette.	2	»	1	»
THYS.	Fille du rivage (la).	Barcarolle.	2	»	1	»
—	Pêcheur napolitain (le).	Barcarolle.	2	»	1	»
**	Chant du départ (le).	Hymne.	1	50	»	75
**	Il est temps d'aller aux champs.	Air suisse.	2	»	1	»
**	Marseillaise (la).	Chant national.	1	50	»	75
**	Parisienne (la).	Chant national.	1	50	»	75

MUSIQUE VOCALE.

ROMANCES

AVEC ACCOMPAGNEMENT.

		fr. c.
BRUGUIÈRE.	Fête au hameau (la). . Chansonnette avec accompagnement de flûte.	2 »
PANSERON.	Allons danser sur la colline. Chansonnette à 2 voix avec accompagnement de hautbois.	1 50
—	Cor m'appelle (le). . . . . . . Romance, piano et cor.	3 »
—	J'entends au loin sa chansonnette. . Romance avec accompagnement de hautbois ou flûte.	2 »
—	Montagnard écossais (le). . Romance avec accompagnement de hautbois ou flûte.	2 50
—	Pâtre à la ville (le). . . Romance avec accompagnement de hautbois ou flûte.	2 50
—	Philomèle. . . Romance avec accompagnement de flûte.	2 »
—	Tyrol qui m'as vu naître. Tyrolienne avec accomp. de clarinette.	2 »
—	*Idem*. . . . . *id*. . *id*. de flûte ou hautbois.	2 »
—	*Idem*. . . . . *id*. . *id*. . . . . . de basson.	2 »
Mlle L. PUGET.	Perrette. . . . Chansonnette avec accompagnement de hautbois par Brod..	2 »

TABLE.

BIBLIOTHEQUE ROYALE

IMPRIMERIE DE J. DELACOUR A MEUDON, ET A VAUGIRARD
rue de Sèvres, 94.

www.ingramcontent.com/pod-product-compliance
Ingram Content Group UK Ltd.
Pitfield, Milton Keynes, MK11 3LW, UK
UKHW022128260726
13993UKWH00003B/1300